狂気の気づかい

立川談慶

伝説の落語家・立川談志に
最も怒られた弟子が
教わった大切なこと

東洋経済新報社

本書の使用上の注意

①本書には過激な「罵倒の言葉」が含まれます。心臓の悪い方はご注意いただくとともに、時代性、談志のキャラクター、落語界の特殊性、罵倒された本人である筆者が最終的には感謝している事実に鑑み、ＳＮＳなどで炎上させるのはご遠慮ください。

②本書でご紹介する「狂気の気づかい」は、気づかう側が自発的に行うものです。本書を元に「このように振る舞え」と強制した上司の方がパワハラで訴えられたとしても、筆者および出版社はいっさいの責任を負いません。

③本書でご紹介する「狂気の気づかい」には、一般社会においては過剰なものも含まれます。そのまま真似をすると相手に「引かれる」可能性がございますので、ご利用は相手を見ながら自己責任でお願いします。

はじめに
「そこまでやる」から突き抜ける

「え、そこまでやるんですか……？」

落語家・立川談志に対する私たち弟子の「気づかい」を話すと、多くの方がそんな反応をします。

・電話1本で呼び出されたら、夜中の2時でも駆けつける
・居場所を告げずに「いますぐ来い」と言われたら、場所を推理して探し出す
・家事・身のまわりの世話は、言われたらすべて行う。もちろん給料はゼロ
・「馬鹿野郎！」には、自分が悪くなくても「すみません！」
・新年会は数十人の弟子全員が、談志1人の顔色をうかがうことに終始

たしかに、異常です。いまだったら絶対に許されない「○○ハラ」のオンパレード。

私自身、慶應義塾大学を出て東証一部上場企業のサラリーマンを3年ほど勤めた後に弟子入りしたものですから、この「異常さ」には心底、戸惑ったものでした。

でも。

いまから思い返すと、弟子たちの「気づかい」の中には、私たち日本人が忘れてしまった、何か大切なものがあったように思うのです。

人間関係が希薄化し、会社の隣の席の人ともチャットで話す現代。そんな時代において、あの厳格で濃密な「人間関係」のあり方は、いまはもう決して観察することのできない、ある種の「遺産」なのではないか。

もしもそうなら、談志への「狂気の気づかい」の記録を書き残しておくのも悪くないのかもしれない。

そんな思いから、本書を執筆することにしました。

伝説の落語家、立川談志

ここで、談志を知らない人のために、「立川談志はどんな人だったのか」をあらためてご紹介します。

談志とは、一言で言うのなら「旧態依然とした落語界を変えた天才」です。

そのポイントは3つあります。

1つ目はあの超人気番組『笑点』（日本テレビ系）をつくった人ということです。半世紀以上も継続する、あのお馴染みの大喜利スタイルの原型を、放送作家的な立場のみならずプロデューサー的アプローチから構築しました。

談志はその立ち上げにこそ深く関与しましたが、「飲酒運転がなぜいけないのか？」というお題に対して「人をはねたときの充実感がないから」と答えるなど、いまでは絶対放送できないブラックジョークを好む姿勢から、やがて距離を置くことになってゆきます。

亡くなった桂歌丸師匠一派は談志とは真逆にアットホーム的回答を良しとし、こちらがじわじわとメジャーとなってゆきました。

2つ目は「国会議員」に当選したことでしょうか。

いまでこそ「タレント議員」が選挙のたびに生まれる時代ですが、談志はその初期の存在です。そして、その言動は常にセンセーショナルなものでした。

あるとき酔っぱらったまま記者会見に出て、記者団から「酒と公務とどっちが大切なのか？」と問い詰められて「酒に決まっているだろ」と答えました（よく調べてみますと実際はかような言動はなかったのですが、それに近い応対は間違いなくあったとのことです）。

いまやれば「炎上」案件そのものですよね。そういう意味では「炎上系ユーチューバーのハシリ」とも言えましょう。

そして、３つ目。

やはり何と言っても「立川流という独自の流派を１人でつくり上げたこと」でしょう。

１９５２（昭和27）年に高校中退の16歳で先代柳家小さん師匠門下に入門した談志ですが、その後１９８３（昭和58）年、真打ち昇進問題をめぐる諍いから落語協会を飛び出し、落語立川流を創設しました。設立当初の弟子である談春兄（あに）さんにその当時のことを聞くと、「うちの師匠ですら仕事がなかったんだよ」とのことでした。

かような冷遇の時期を乗り越えて数十年、いまや「志の輔・談春・志らく」という落語界を牽引するまでに育った弟子をはじめ、総勢60人を超える一大勢力となっています。

まさに「天才」であり、「革命家」という肩書きがぴったりくる人でした。

天才に弟子入りした「類い希なる鈍才」

そんな「天才」に憧れてしまったのが、「鈍才」である私でした。

学生時代に聴いた、生の談志の毒気あふれるマクラ、その後の「らくだ」という名作古典落語。もはや「談志しか見えない」。そんな状況でした。

「落語家になりたい。いや、俺ならなれるかも」

そんな思いから、3年間勤めた株式会社ワコールを退職し、立川流の門を叩いたのです。

——しかし、ここで大きな誤算がありました。

私こと青木幸二青年（本名です、この時点では立川談慶を拝名していないので）は、類い希なる「鈍才」であったのです。

師匠の機微がわからない。

調子に乗って大失敗する。

失敗をリカバリーしようとして、火に油を注ぐ。

そんな具合でしたから、師匠からはたびたび叱責を受けました。

「馬鹿野郎!」なんて、ほとんど挨拶代わりでした。

他団体の場合なら4年ほどで卒業する「見習い」「前座」を、なんと9年半も務めました(のちにご説明しますが、これは年功序列を重んじる落語界では極めて異例なことでした)。

他の弟子より、何倍も怒られました。この本を書くにあたり勘定したところ、入門してから談志が亡くなるまでの20年間、7000日の中で1日複数回怒られたこともありますから、大袈裟でもなくおそらく1万回は怒られていると思います。

ですから本書は、「気づかい上手な私が教える、気づかいのコツ」といった、「上から目線」のものではありません。むしろ私が失敗し、罵倒され、傷だらけで体得したささいな気づきを、飾ることなく失敗ドキュメンタリーの体にまとめました。

「鈍才の大失敗」の数々を、どうぞ大いに笑ってやってください。

その上で、読者の皆さんに何か1つでもささいな気づきがあったなら、「鈍才なりに、頑張ってよかったな」と、報われる思いです。

だから「そこまでやる」のです

それにしても、なぜ「狂気」と言えるくらいの気づかいをしたのでしょうか。

談志が怖かったから？　もちろんそれもあるでしょう。実際、怒りをあらわにした談志の迫力たるや、いま思い出しても身が縮む思いがします。

でも、本当にイヤなら、師匠の下を去ればいいだけです。そうやって去っていった兄弟弟子はたくさんいました。

私がこれらの気づかいをやり遂げられたのは、ひとえに師匠に「惚れていた」からです。「惚れた師匠を喜ばせること」が弟子の急務で、そうすることが自分の芸人としての可能性を飛躍的に高めることにつながっていくからです。

そう信じ抜いた者たちのコミュニティこそが立川流であり、落語界そのものなのです。

そしてこの感覚は、おそらくかつての日本ではありふれたモノだったのではないでしょうか。「惚れた対象」にそこまで「気づかい」する覚悟こそ、古来の日本人が持っていた大切な気質だったと思うのです。

先人たちがこの国においてさまざまなモノやコトをつくる際には、地獄のような「気づかい」をやってのけてきたはずです。

少なくとも私たちの中には、そんな血が受け継がれているものと、私は確信しています。

だから私は、本書を書くことにしました。

「そこまでやるんですか？」と問われたら、私は自信を持ってこう答えます。

「いいえ、まだまだ、やり足りないのです」

目次

第2章 師匠を不快にさせない「平均点の気づかい」

第3章 評価を獲得する「合格点の気づかい」

第4章 芸人世界の「優しい気づかい」

エピローグ　立川談志の「狂気の気づかい」

存在だけは許される

「最低限の気づかい」

「挨拶をメロディで言うな、馬鹿野郎！」

一言に気持ちを込める

本題に入る前に、私の入門した際の特殊性を少しお話ししておかねばなりません。

私が入門したのは1991年4月でした。その直前に二つ目になった途端にやめた兄弟子がいたり、入門直後にすぐやめていく新弟子が後を絶たなかったりしたものでした。

談志は実際、自身の独演会のパンフレットに「春先になるとこういうのが出てくる。入門希望者は雨後の筍のようだ」と書くなど、入門希望者を鬱陶しがっていました。

当時談志自身も50代半ばとまだまだ活力に満ち溢れていて、その体力に裏づけられた形での怒りでもありましたから、やめた弟子たちにはかなりの重圧だったと推察します。

そんな背景ゆえ、私も「すぐやめるかも」と思われていたような感じでもありました。結果「俺のそばにこんなにいても困る」と言われて、「しばらく事務所にいろ。俺の用事があるときには呼ぶ」みたいな扱いを受けました。

最初の2カ月間は基本、朝は事務所に出勤し、電話番すらできないのでただひたすら師匠の名刺づくりに明け暮れていました。名刺づくりとは、談志が国会議員として選挙に出ていたころに莫大にこしらえたハガキから顔写真と名前を切り抜き、白紙に貼る作業です。

「こんなことをやるために落語家になったのではない」と思いそうになる瞬間もありましたが、談志が地方でお客さんに配る名刺は俺がつくっているんだという自負が、かろうじて自分を支えてくれていました。

1日中、そればかりやっていました。

「ああ、こんなのばかり続いていたら、気が滅入ってやめちゃうかもなあ」と、私より先に入門してやめていった人たちを思って憂えたこともありました。

そんな日が続いたころ、事務所に届いた師匠宛ての郵便物を師匠の生家である鵜の木に持って行くことになりました。これが、初めて師匠と2人きりになれる日でした。

「怒られるかも」

覚悟をしたものでしたが、やはりまだお客さん的立場でもあり、「こいつはどんな奴か」と様子見でもあったのでしょうか、「落語は、大きい声でやれ。小さくまとまるな」と拍子抜けのような優しい言葉をかけられたものでした。

そんな思いのほかの素顔の穏やかさに、バカな私は「もしかしたら、俺はこのまんま師匠には怒られないでいけるかもな」

と、甘い考えを一瞬抱いたものでした。

「1万回の謝罪」の始まり

そして——ある日のことでした。

「俺も仕方なく我慢してやる。いまから根津に来い」と事務所に電話が入ったのです。私は、根津の師匠宅へと向かったのでした。

ある意味、実質的な入門初日でした。鵜の木での先日の談志はオフの日でもあり、今日からはオンの日、つまり日常の談志のそばにいていいという許可が出たのです。

そして、根津の談志宅のドアを開けて「おはようございます」と緊張気味に第一声を発しました。

「挨拶をメロディで言うな、馬鹿野郎!」

歴史的な小言第一号がこちらでした。

以来、談志が亡くなる2011年まで、その日から20年間にもおよぶ私の「小言言われ人生」がスタートしたのでした。

私の談志との付き合い20年間において、9年半は前座でしたから、約半分は修業中の立場として接した形です。9年半というとおよそ3500日、1日数回怒られたこともありますし、無論数は少ないのですが二つ目や真打ちになってから怒られたこともありますので、「はじめに」にも書いたとおり1万回は怒られたでしょう。そのたびに謝罪を入れたので、1万回は謝罪してきた人生とも言えます。決して大袈裟ではないのが、我ながら凄いことです。

まして、ここからは自慢でも何でもないので誤解なきよう受け止めていただきたいのですが、「落語界初の慶應大学卒業→一部上場企業勤務」という履歴が私の前提でありました。

事前情報として、こんな奴が来るとなれば、さぞ優秀で手際よく要領のいいスマートな新弟子をきっと想像し、期待していたはずでしょう。なのに、私ときたら、そんなイメージとは真逆の、不器用を絵に描いたような若者でありました。

ワコール勤務の新入社員時代からもそれは顕著で、融通も利かず、都会的センスのかけらもなかったものですから、徹底的にしごかれたものです。

あのころパワハラという言葉がなかったのが、いまとなっては幸いだったのかもしれません。入社してすぐの研修期間時代には、当時のトレーナーからはいじめとしか考えられないような、「値札20万枚を横浜そごうから新宿のワコールの支店まで持ってこい」みたいな仕打ちを受けました。

別にいま、あのころのことを糾弾したいというわけではありません。そうではなく、それほど鈍くさい人間が、よりによって落語界随一鋭敏な神経を有する立川談志の弟子になってしまったという不幸をご理解いただきたいのです。

私と対照的なのが、同じ「大卒→サラリーマン経験者」としてのキャリアを有する立川志の輔師匠です。比べるのも失礼かもしれませんが、談志に「俺を怒らせなかったのは談幸と志の輔だけだ」と言わしめるほど機敏に効率よく動けるお方でした。

弟子の義務は「師匠の機嫌を良くする」こと

長くなりましたが、とにかく事前情報とのギャップからか、やることなすことすべてが談志をイラつかせることになったのです。

つまり、「そこに私がいる」だけで談志は怒りを覚えていたとも言えるのです。キリスト教社会で言うところの「原罪」のような感覚でしょうか。

談志はとにかく、テキパキとロジカルに小気味よく行動することを身上としていて、弟子にもそれを求めていました。現代の「マルチタスク」であります。

まず談志の生活リズムからお話しします。

当時、談志は練馬と根津、そして新宿の3拠点生活を送っていました。

練馬は南大泉にある一軒家です(いまは兄弟子の志らく兄さんが受け継いでいます)。そこは着物が置かれていました。入門したばかりの弟子はその近辺に住むことが求められます。

こちらは師匠の常駐する場所ではありません。生活拠点はおかみさんと2人で住んでいた根津で、あとは息子さんが住む新宿と、仕事の状況やらその日の気分で住み分けていました。

練馬は一軒家でしたので、書籍やテープやビデオなどのコレクション関係の宝庫でもありました。書籍を何冊も出していた談志でしたから、原稿がらみで長逗留する際は練馬と決まっていました。つまり前座の主たる修業の場は練馬でした。

談志が練馬にいるときは、すぐ近くのスーパーから12時ごろ「本日はいかがいたしましょうか?」と電話でおうかがいを立てるところから1日が始まります。そこから「今日は来なくていいや」とでも言われないかぎり、練馬に集合したものでした。

昼過ぎに談志が起きてくると、「庭に水をやれ、ツツジの剪定をしろ、もらってきたネギを半分だけ顔を出して庭の土に埋めろ、○○(国会議員)に電話してくれ、『積善の家に余慶あり』って言葉調べろ、洗面台の水漏れを直せ、昔の週刊誌のスクラップをしよう」などと、「日々の生活の処理」に対する指示から始まります。

よほどのことでもないかぎり、仕事を業者に頼むということはしませんでした。まずは弟子にやらせて、それでも不具合がある場合のみ業者に依頼する感じでした。

私が入門したばかりのころ、洗面所をガムテープで補強したものです。「これでいいんだ」と、金をかけない解決策を良しとしていたものです。

つまり、「談志からの指示をスムーズにこなす」→「談志を快適にする」、すなわち「談志の機嫌を良くすること」こそが弟子の最大の義務となったのです。

そしてその果たすべき義務と談志の思いとのギャップが「怒り」に発展することになり、その均衡を保つべくリカバリーするための作法が「謝罪」になっていったのです。

狂気の気づかい 1

「挨拶」を軽んじ、メロディで言ってはならない

「すみませんでいいんだ、馬鹿野郎!」

機嫌をとり続ける

「挨拶をメロディで言うな、馬鹿野郎!」

これが最初に食らった小言でした。弟弟子の談笑くんも「私も同じです」とのことでした。

つまり、こちらは師匠と新弟子のファーストコンタクトにおける「覚悟のほどを試す意味」もあった小言なのかもしれません。

「挨拶にスランプなし」という名言は、仲良くしている松村邦洋さんの言葉です。松村さん曰く、「芸の出来、不出来などはその日のお客さんの雰囲気やらで左右されてしまうものですが、その日の挨拶やお礼状などは出来、不出来はないですからね」とのこと。

いやあ、含蓄があります。メジャーの現場で数十年かわいがられている一流の人のエチケットにも思えてきます。

つまり、「挨拶」とはそれほど大切なものなのです。

それだけですべてが規定されてしまいかねないものです。

まして落語家は言葉がすべてです。

「こいつは俺のところに、落語家になりたいとの思いでやってきた。ならば、その俺との最初の出会いの際に、どんな挨拶をしてくるのだろうか」

きっとこんな思いで、最後の審判ならぬ「最初の審判」を下したのではないでしょうか。

そんな大事な挨拶を、よりによってメロディのように流れるようなトーンで発してしまうとは何事だ――そんな怒りが、小言に結びついたのでしょう。

謝罪の言葉で2度目の小言

私の落語家人生で最初に食らった師匠からの小言に対して、私はついサラリーマン時代の癖で「申し訳ございません」という言葉で返しました。

するとここに、さらなる師匠の怒り、小言が待っていました。

「申し訳ございませんじゃねえ、すみませんでいいんだ、馬鹿野郎!」

いやあ、謝罪そのものが怒りの対象となってしまっていたのですね。参りました。振り返れば、サラリーマン時代の3年間の私は、とにかく相手が怒ったら「申し訳ございません」という言葉を多用していました。

基本的にサラリーマンはドライな人間関係の上に成立する職業です。お得意先はもちろん、社内の上司・部下なども含めて「利害関係」に基づいて形成されていますので、ウェットですと物事ははかどりません。時間の無駄でもあります。「上司の機嫌」だけで部下の1日が決まるなんてあり得ませんもの。

そんな環境ゆえ、ひとまず「申し訳ございません」と機械的にでも言っておけば大過なくすごせるという認識が、会社員勤め3年の私には知らず知らずのうちに醸成されてしまっていたのでしょう。

そんな機械的対応を、言葉の達人が看過するわけなどありません。

「謝罪したら、その謝罪の言葉でさらに怒られる」

いたたまれない格好でありました。

談志の生理では「大半の謝罪は、すみませんでいい。人生を揺るがすような大しくじりの際にのみ、申し訳ございませんと言え」ということだったのです。

つまり、私はいきなり初回で2度も謝罪するような「使えない奴」というレッテルを張られてしまったのでした。

「しくじり」という感覚

ここで悟ったのが、「感情の主導権は、師匠およびその現場の年長者にある」という歴然とした真理でした。

さらに業界用語で説明するならば、かような「感情の主導権」を、落語界では「しくじり」と呼ぶということを、身をもって知ったのでした。

ここで説明させていただきますが、「しくじり」という感覚は落語家の世界特有のメンタリティです。

談志は、入門の際に「いいか、俺をとにかく快適にさせればいいんだ」と言いました。自分の選んだ師匠をはじめ、キャリア的に上の先輩をも含んだ目上の人たちを「機嫌良くさせる」ことが、前座というういちばん下の身分の人間に求められることなのです。

落語会ならば、前座はまず出演者が「機嫌良く」動けるように言動はテキパキとします。テキパキと手際良く出演者の着物を着せたり、畳んだりします。出囃子を出したり、それに合わせて太鼓を叩いたり、高座返しと言って落語家が高座に上がるたびに座布団を裏返したり、お茶を出したりと大変です。

さらにお茶を出すタイミングも決まっていて、楽屋入り、出番前、出番後の3回にわたってお茶を出します。たまに出演者から用を言いつけられたりもします。

落語会が終われば終わったで、出演者やお客さんを交えて居酒屋などで打ち上げが行われます。ここでも、酒やつまみのオーダーを取ったり、店側と折衝したり、ラストは割り勘の場合会費を徴収したりと、自身は飲む暇もなく、とにかく働くのが前提です。

これらの一連の動きはすべて、最前申し上げたような「出演者を機嫌良くさせる」ということが前提になっているのです。

そしてそんな先輩である出演者の機嫌を損ねる現象を「しくじり」と呼ぶのであります。

「快・不快」や「機嫌」の主導権は師匠をはじめそれぞれの現場での先輩である兄弟子などが握っているのですから、「○○師匠をしくじった」というのは、しくじらせた側である前座や目下の人間がすべての責任を負う……というのが落語界のシステムなのです。

こういう作法が積み重なって、長年にわたって構築された世界こそが落語界だったのです。

つまり、談志のみが超絶に厳しいというわけではなく、末端の新弟子たちの精神的負担で、師弟関係はもちろん落語界全般が成立しているとも言えるのです。

いや、そんな背景をさらに「俺の流儀で」とばかりに特化して談志1人に傾注させせるべく弟子たちを純粋に培養するシステムこそが、立川流だったのでしょう。

自分が悪くなくても謝る

ここでたとえば、滅多にあり得ないことですが、○○師匠が不合理で理不尽な感じで別の一門の下の子たちを怒鳴ったと仮定しましょう（くどいようですが、まず基本的に前座さんは「謝罪慣れ」していますので、普通はこんなケースは発生しません）。

こんな場面でも、下の子たちはひたすらその○○師匠の機嫌が収まるまで謝り続けるしかないのです。

ここでサラリーマン社会でありがちな「お言葉を返すようですが」などと反論などしようものなら、「どういう教育をしているんだ」と、怒りの矛先がそちらの一門の師匠に向かうことになるのです。

つまり、下の子たちは、自分の不手際が自分の師匠に波及しないように、とにもかくにも我慢して謝罪するしかないのです。

だからこそ、談志は入門時に「修業とは不合理や矛盾に耐えるのが仕事だ」とまで定義していたのかもしれません。

「自分が悪くなくてもひとまず謝る」

わかりやすく言うと、間歇泉のように「すみません！」を連発する。
こんな精神的トレーニングを極め抜いた前座時代を送ってきたせいか、我が家ではおかげさまで夫婦円満ではあります。

狂気の気づかい 2

相手を「機嫌良くさせる」のが目下の義務

「俺は小言でモノを言う」

謝罪の心得

「俺は小言でモノを言う」

これは、談志の新弟子たちに対する口癖でもありました。

この言葉の後に「俺は教育者でも経営者でもないんだ」と続きました。

なるほど教育者や経営者ならば、後進を育てるという「大義」があり、その大義に沿って言葉をセレクトし、受信者である学生や部下たちにわかりやすいトーンで話をすべきなのでしょう。

しかし談志は、師匠という弟子を育てるべき立場ではありましたが、基本的に落語家という表現者、プレイヤーでもありました。

ここでも「俺はお前に弟子になってくれと頼んだわけじゃない。お前が勝手に来たんだから、俺の流儀に従ってもらう」という姿勢でした。

ゆえに最前のケースならば、「挨拶をメロディで言うな、馬鹿野郎」という小言を「挨拶は語句を立てて、流れないように言いましょう」という具合に、弟子側が変換させながら受け止めてゆかなければならないものでした。

修業とは、謝ること

「しくじり」について書いたように、要するに、上役たる師匠や兄弟子が下の弟子たちに発した「不快の感情」を、下の弟子たちが「謝罪」という中和剤を繰り返し使用しながら、「快適な感情」へと昇華させてゆくことを「修業」と呼ぶのかもしれません。

言い換えれば、師匠の発した小言や罵詈雑言という採掘物を精製し、小言や負の感情を取り除くための潤滑油こそが「謝罪」とも言えるのです。

つまり「修業」と「謝罪」はセットでもあったのです。

師匠や兄弟子など、自分より目上の人を不愉快にさせてしまったリカバリー剤としての「謝罪」ですが、これはこの世界独特のルールや通念を会得するための大切なクッションなのです。

とにかく、ひたすら相手の怒りが解けるよう「すみません!」と言い続けるしかありませんでした。謝罪というよりは「願い」に近いですね。


これは師匠に対する基本姿勢のような形でもありました。

私が入門したころすでに堂々とした真打ちの立場で、談志をして「俺を怒らせなかった2人」と名指しされた談幸師匠も志の輔師匠も、談志の独演会の楽屋などで「すみません」と言うような佇まいで小さくなっている姿を前座時代に見かけたことがありました。

別に師匠をしくじったわけでもないのに全身を使ってかしこまっている姿には、雲の上のような立場の人でも「対師匠」となると自分らと同じなんだなあと、ふと安心したものでありました。

小言は頭の上を通り抜けていく

「どうすれば師匠をしくじらないですごせるか」

これがいつしか前座としての自分の基本姿勢になりました。

おそらくこの前座初期のころは、まだ怒られることに対する耐性もなかったのでしょう。耐性がないから「謝罪」もぎこちなかったのかもしれません。いや、謝罪がぎこちなかったからこそ、耐性も芽生えにくかったということでもありましょう。

そんなとき、救いとなったような落語の中のセリフがあります。

「とりあえず謝っちゃえよ。そうすれば小言は頭の上を通り抜けてゆく」

さまざまな落語の場面に出てくるセリフです。プライドが邪魔してなかなか謝罪できない人間に、年長者がこのようにアドバイスするというような設定でしょうか。

ここで言う、「とりあえず謝っちゃえ」というのは、いくぶん機械的な作法にも聞こえますが、ここで私は相撲の「股割り」を想起します。

「股割り」とは股関節の柔軟性を確保するための伝統的トレーニングの1つで、怪我を防ぐためには必須とされています。近年無茶な股割りはかえって怪我を誘発するとのことで昔ほど厳しくはないとも相撲関係者から聞きましたが、それでも「大怪我を防ぐための小さな苦痛」という感じで受け止めてみると、ある意味「謝罪」と同じような役割かもしれません。

この場合、「身体の硬さ」と「プライド」とが同じ立ち位置になります。両方とも、ときとして邪魔になりがちなものでもあります。

「とりあえず謝る」という形だけの謝罪に慣れてくると、それがやがて器になって、身体に馴染んでくるものです。

入門当座の新弟子は基本的に「勘違い」の塊でもあります。

それまで培ってきた経験値や自分の価値観を守るために必要な「勘違い」なのかもしれませんし、それは同時に「本人を守る防御壁」でもあります。しかし「より大きな芸を身につけるにあたっては障壁」でもあるのです。そのあたりをぶっ壊す必要があるのです。

この、双方の間に屹立する目には見えないブロックを内側から解除するパスワードこそが「謝罪」だったのです。

続いて、「小言は頭の上を通り抜けてゆく」という言葉の真意ですが、浴びせられた小言や罵詈雑言に対する見事な距離感覚と言うべきものではないでしょうか。

小言や罵詈雑言は、グサリと刺さる「固体」のように思われがちですが、それは頭の上を通り抜けてゆく「流体」だと思えばいいよという、先人からのイメージトレーニングにも思えてくるから不思議です。

流体ゆえに瞬時に消え去ってゆくものだと弁えることで、見えない小言が可視化されます。「嫌味な小言を言われたら、受け流せばいい」「頭の上を通り抜けたら消滅するんだ」という感覚が涵養できるようにもなりそうですよね。

そして何より、そんな不快な小言の解毒剤にもなるのが、他ならぬ「謝罪」でもあったのです。

狂気の気づかい

3

「とりあえず謝る」は自分を守るための潤滑油

「お前の言い訳なんか聞いてねえ！」

謝罪はスピード

謝罪はともかく早急、即座、迅速がいちばんです。

その場で謝るしかありません。怒りの主体たる師匠の機嫌を元どおりに原状回復させるためにはそれしかないのです。その怒りを雲散霧消させないかぎりは、自分の居場所はなくなるのです。居場所がなくなればこの先、落語家として生きてゆくことはできません。つまり、怒りの放置は死刑判決をも意味します。

これが、一般社会とは完全に一線を画すところでもありました。

一般社会でよくありがちなのが「ほとぼりが冷めたら」という言い草です。

サラリーマン時代、「いま行くとかえって火に油だから、ほとぼりが冷めたら、あのときは失礼しましたと菓子折りかなんか持ってゆけばいいよ」みたいな処理の仕方を教わったものでした。「納品を忘れた」みたいな小さなレベルでしたが、しくじった得意先にはひとまず電話で詫びて、あとは折を見て菓子折りみたいなものを持って行ったこともありました（昔からよくしくじっていたのです）。

これはある意味、怒りの主体側が「そんなに怒るのもいけない」というブレーキをかけてくれるという前提、というか約束事が根底にあったからこその発想です。

謝罪はスピードが命

ところが、です。

落語界においては、「即座の謝罪」しかありませんでした。

師匠の生理こそすべてなのです。そして、だからこそ謝罪の速度こそが肝心でありました。

談志はそういう意味で言うと、「快・不快」が露骨でした。顔色をうかがって「怒っているな」「上機嫌だな」は手に取るようにわかったものでした。

ずっと談志を上機嫌にさせ続けてポイントが貯まった最初のボーナスが二つ目昇

進、そして最終ボーナスが真打ちの昇進という捉え方もできるという意味で言うならば、とても単純でわかりやすい人でもありました。

実際、私が真打ちに昇進した際に「真打ちの昇進というのは、はっきり言えば俺にゴマを擦った順だ」とも言い切っていたものです。

言い訳は逆効果しか生まない

即座に施さなければ生命にかかわるという意味で言うと、謝罪とは「受け身」のような感じでもあります。

柔道ではまず「受け身」から教わります。

私も少年時代、3年ほど柔道をやっていましたが、いきなり投げ技などから教わりませんでした。まずは徹底的に「受け身」から覚えさせられたものです。来る日も来る日も受け身ばかりでした。「早く一本背負い、習いたいな」と思ったものでした。

これについては思い出があります。

まだ自分が入門したばかりの平成3年、90年代初頭のころは、師匠が地方の仕事で羽田空港や東京駅から出発する際、前座は基本的に見送りに行くのも修業の1つという時代でした。私が前座中盤から後半にあたる時期には、「一緒についてくる弟子だけ来ればいい。お前は踊りや唄の稽古に行け」という具合に役割分担をするようにはなりましたが、前座前半期ごろは「師匠に顔を見せに行く」ことも弟子としての務めであり、義務でもありました。

「行ってらっしゃいませ」とそろって言うだけでありましたが、そこで居並ぶ弟子たちに師匠がアドバイス的な一言を言う場合もあり、大切な瞬間でもあったのです。

見送りがあるから当然迎えもあります。

迎えの場合は頂き物もたくさんあるので、車で行くケースが大半でした。

私が入門した直後に入門したPくんという新弟子がいました。ある日、彼は入門したばかりだというのに、その見送りに来ませんでした。

弟子たちの顔を見渡して「Pはどうした?」と、師匠は彼がいないことに気づきました。師匠を見送った後、彼は遅れてやってきたので、私は「迎えのときにはきちんと詫びたほうがいいよ」と伝えました。

そして師匠の迎えのときに、Pくんは師匠に向かって「今朝はすみませんでした。電車が遅れたもので」と言い訳をしたのです。

それに対して、師匠はこう言いました。

「電車が遅れたと言えば、許されると思っているのか？」

いやあ、キツい一言です。無論Pくんに悪気などまったくありません。他の弟子たちは遅れないように注意して行動していたからこそのセリフでもありましたが、いま振り返ってみるとこれこそが一般社会とは感性が異なるところではないかと思います。この一言こそが、落語界の厳しさを際立たせているところなのです。

「見送り」という行為が非生産的行為そのものでもあるからこそ、「謝罪」もまたそれに沿う形で、やはり「言い訳」などではないのです。

そして師匠は、さらに次のセリフをかぶせました。

「お前の言い訳を聞きたいんじゃない。間に合うように来ればいいだけなんだ」

入門前は私と同じく会社員だった彼にしてみればキツいセリフだったはずで、それを証拠に彼はその日を境に姿を見せなくなりました。

「言い訳」や「エクスキューズ」を認めないと企業活動は営めません。相手の言い分を探って妥協点を双方で見出すところから落としどころが決まり、それを損なわないように動くのが一般社会です。そういうささいな契約が積み重なって構築されています。

「ここは、お前がいた組織とは違うんだ」という思いが、その小言に込められていたのでした。

謝罪とは「受け身」

「お前の言い訳なんか聞いていない」

この言葉は、事あるごとに繰り出されたものでした。

それこそ入門したばかりの、師匠宅に通い始めて間もないころでした。

歌舞伎役者の中村勘九郎（のちの勘三郎）丈が師匠の練馬の自宅に遊びに来ていました。間を取り持つ日活プロデューサーのFさんらと楽し気に会話をしていて、師匠も酒も入って上機嫌。勘九郎丈に「おい、ここで『高坏』、やってみろ」と無茶振りをしました。

「高坏」というのは勘九郎丈の父親である勘三郎丈も得意としていた、要するに「高下駄のタップダンス」です。師匠はタップダンスが好きで、意気投合した勘九郎丈と一緒に練馬の洋室でニコラス・ブラザーズのタップを観ていたのでしょう。

「勘弁してよ、師匠、ここジュータンじゃないっすか」と呆れながらも見事に靴下のまま勘九郎丈が踊りました。踊りづらい環境ではありましたが、やはりさすがプロ、師匠も喜ぶ見事なものでありました。

「ああ、梨園のスーパースターも談志には敵わないんだな」とまぶしく遠巻きに見つめていたものです。

気分良くお開きとなり、「タクシー呼んでくれないかな」との指示が前座に下りました。そのとき一緒にいた兄弟子のキウイ兄さんがタクシーをつかまえようと電話を入れるのですが、どこも手配できません。

我々が師匠に「師匠、タクシーはつかまりません」と言ったとき、やはり、まったく同じ「お前の言い訳なんか聞いてねえ！」という小言が待っていました。

おそらく、天下の歌舞伎役者を前に「俺のところはこんなに厳しいんだぞ」というポーズの意味合いもあったのでしょう。実際師匠はかなり酔っぱらっていて、機嫌自体はそんなに悪くはありませんでした。少なくとも激怒案件ではなかったと私は思いましたが、やはり一緒にいたXくんという私の下に入ったばかりの子は、その日を境にやめていってしまいました。

「こんな非常識が許されるのか」と思い詰めてしまったのでしょうか。

つまり、覚悟の度合いを確かめるようにも機能していた談志の小言でしたが、やはりそこでも「すみません!」という「受け身」をまず取ることのできた弟子だけが残れたものと確信しています。

柔道ではまず「投げ技」を教えずに、怪我をしないように受け身から教えます。落語の世界でもいきなり落語を教えずに、まさに痛い目に遭わないように受け身に該当する「謝罪」を教えるのでしょう。

考えてみたら、投げ技も言葉も、「人を傷つけてしまう可能性の高い危険物」でもあります。和食の職人の世界も徒弟制度が残っていて、とても厳しいものと伝え聞きます。包丁も言葉同様「凶器」になり得るものです。

ある意味「凶器」を扱うのですから、厳しくて当然なのかもしれません。

謝罪の際に積んできた経験のおかげで、私も大怪我をすることなくここまでこられたと言えるでしょう。

狂気の気づかい

4

言い訳は、言わない。ただ、謝る

「追って沙汰を下す」

「慣れ」ほど怖いものはない

「談志からの小言→それに対する謝罪→談志の機嫌回復→機嫌上昇→芸のアドバイス→そしてまた新たな小言」。当時の私はこんなスパイラルの中で生活していました。

このサイクルの感覚がつかめてくるようになると、厳しい前座修業もある種「オアシス期」に入ってゆきます。

談志の「生理」を理解し、ひとまず最低限「怒られないための処世術」をマスターし、「何をやらなければ怒られないか」さえ気が配れれば、入門当時に比べてとても心的負担が軽くなっている自分に気づきます。

そして機嫌の良さをキープした際にご褒美的にもらえるのが「芸のアドバイス」で、

それは談志の芸に憧れて入門した自分にとっては宝物でありました。

「師匠の機嫌を良くするとメリットだらけ」なのです。そのダイナミズムのコツをつかむのが弟子の務め、つまり前座修業の大義でもありました。

前座名「立川ワコール」拝名

そして、そのために大切なことが「慣れ」でありました。

振り返ると、その生活リズムに「慣れ」ることのできない入門希望者たちが早々にやめていったとも言えるのです。決して「怒られ慣れ」などのニュアンスではなく、「談志の言動慣れ」みたいな「慣れ」でしょうか。

「地雷を踏まない立ち居振る舞い」はそばにいればある程度わかってくるもので、談志もそのあたりがわかってきたと判断した弟子に順番に名前をつけていったようにも思えます。

私の場合、入門してから1年2カ月でやっと「立川ワコール」という名前をいただきました。

「まだまだ未熟だが、ひとまず俺を激怒させないための最低限の言動はできるようになった」というラインでしょうか。本当の意味での前座修業のスタートでした。

名前をもらえれば、兄弟子の会の前座などでも使われるようになり、落語をやれる回数も増えてゆきます。「あの談志が弟子として認めてくれた」というのは、まだ第一段階レベルでしたが、いま振り返ってもとても張り合いの出る喜ばしい出来事でした。

ひとまず私はワコールの塚本社長（当時）に筋を通すべく、手紙を書きました。

初めて褒められた喜び、そして「慣れ」という恐怖

名前がついて半年ぐらいしたころでしょうか、長野県東御市（当時東部町）での「立川談志毒蝮三太夫二人会」の前座として使ってもらうことになりました。「立川ワコール」の地元お披露目の会でもあり、もたもたする部分で怒られはしましたが、決定的なしくじりなどの大過はなくやり終えることができました。


あのときの記憶をたどってみます。

師匠と蝮さんは会場には開演ギリギリに入ることになっていましたので、私は地元ということもあり、早めに会場入りしました。舞台の音響、照明のチェック、楽屋での頂き物リスト（誰が何をお土産に持ってきたか、できればそのお土産を持ってきた

人の連絡先なども記す）の作成、師匠用着物の準備、高座に出す湯飲みに白湯を入れる、打ち上げ会場の案内、などなどを前座は1人でやらなければなりません。

この日、前座で口演した「狸の札」は、初めて褒められたネタでありました。

故郷だということのリップサービスを差っ引いても「やっとわかってきたか」とまで言われたことは、とても嬉しかったものでした。

かようにして「談志慣れ」は促進してゆきます。弟弟子たちも入って来ました。

「さほど怒られなくなった」というかすかな自信がさらなる「慣れ」を増幅させてゆきます。

師匠の生理がわかってくると、「怒られないための行動」から「喜ぶための行動」が何となく把握できるようになってくるものです。

それが、「次に何をやればいいか」です。

たとえば、談志は終演後、ビールを飲むのが当時は通例でした。

しかもどこで覚えたのだか、「ビールに氷を浮かべて飲む」スタイルを気に入っていました。どう考えても薄まってしまいおいしくはないはずなのですが。それを好んでいました。

故郷での初前座の際にも、事前に氷を準備することできっちり対応することができました。

当たり前のように氷入りビールを飲む談志の目には「こいつ、手間がかかったけど、やっと何をやれば俺が嬉しいかわかってきたか」というニュアンスが光っていたものです。

慣れが誘発した「冷蔵庫事件」

そんな時期にしでかしたのが立川流を語る上での伝説的なボーンヘッド、「冷蔵庫事件」であります。

「談志慣れ」が誘発した出来事とも言えましょう。

故郷での二人会からしばらく後、談志が長期にわたって海外に出向くことになりました。

そのころ、談志にはサラリーマン経験も長く「次に何をやれば師匠が喜ぶのか」を瞬時に察知できる弟弟子の談々（のちに廃業）が頻繁にお供するようになっていました。

彼はとにかく、師匠に対しても動じないキャラでした。すぐにおどおどしてしまい、自信のなさから怒りを買う私とは真逆のタイプの前座でした。

のちに彼は「お前、俺のマネージャーにならないか」とまで言わしめた弟子でした。

長期出張に彼が同行し、留守を任された私と私より下の弟弟子たちで、練馬の自宅を掃除していました。

「次に何をすれば師匠は喜ぶのか」

ふと私は思いつきました。

「そうだ、冷凍庫の霜取りをしよう」

談志宅には冷蔵庫が2つ、冷凍庫が1つありました。

師匠宅にはその付き合いの広さから、毎日のように贈り物が届けられてきます。それらに対応するための、巨大な冷蔵庫と冷凍庫でした。

談志は、「食い物を粗末にするな」とサインに書くほど、食材を大切にしていました。戦時中の食べられない時期に少年期をすごしたということもあったのでしょう。おそらく海外からもいろんな土産物をもらってくるということが予想されました。

長年使っていた冷凍庫には巨大な霜が付着していました。

「霜をきちんと取って綺麗にしておけば、『ワコールのバカも成長したな』と思ってもらえるだろう」

冷凍庫の中身を取り出し、入道雲のようにへばりついていた霜を溶かすべく、まずコンセントを抜きました。

そしてアメリカ製の巨大ドライヤーをマックスにして、熱風を吹きかけました。みるみる氷塊は雫となって落下していきます。その頼もしさときたら、さながら火炎放射器のようでした。

無論、その溶け出した水分もきっちり雑巾でふき取ります。

「ずっと使えない奴だと思っていたが、なかなかやるなあ」

幻聴のように、師匠の褒め言葉すら聞こえてきます。

「気が利かない奴」から「気の利く奴」へのターニングポイントはここにあるとの確信さえ芽生えてきました。

すべて新品同様に整え終え、入っていた食材を元に戻したまではよかったのでした。

ここで、私はコンセントを差し忘れてしまったのです。

「好事魔多し」


翌日、師匠を迎えに行くためのワゴンの鍵を取りに行った弟弟子からの電話が、私の下宿にかかってきました。

夏場でした。


「兄さん、練馬に異臭が立ち込めています」

もともと入っていた大切な食材を、すべて腐らせてしまったのです。

しかも冷凍にしてちまちま食べたいと願っていた高級な品々です。


とにかく師匠には、すべてを見せるしかありません。

こうなったのはすべて自分の責任です。私は1人で根津までワゴンを運転して、その変わり果てた高級食材を持参することにしました。

悪臭が車内に立ち込めている中、気晴らしのラジオをつけてみたのですが、かかっていた曲がサザンオールスターズの『夏をあきらめて』でした。嫌味な選曲でありました。

「とにかく、激怒されて、すっきりしちゃおう」

バカな私は、迫りくる師匠からの最終宣告に対して、その程度にしか受け止めていませんでした。

最大限の謝罪

根津のマンションに到着します。3階に駆け上がり、インターフォンを押します。

「ワコールです」と伝えると、私1人で来たことが意外そうなリアクションで、師匠は玄関のドアを開けました。

「どうした？」

「師匠、申し訳ありません！」

やはりここでは「最大限の謝罪の言葉」である「申し訳ありません」を使いました。

「？」

「練馬の冷凍庫の食材、すべて腐らせてしまいました！」

「はあ？」

「霜を取って綺麗にしたところまではよかったのですが、コンセントを入れ忘れてしまったのです」

「霜を取ろうとした上でのミス」を冒頭に持ってくることでいくぶん怒りは緩和されるだろうという、浅はかな策略でした。自分で言っておいて、まずいなとすら思ったものでした。

が、師匠は、

「そっか、腐らせてしまったか」

拍子抜けのようなリアクションでした。

ここでバカな私は「師匠はそれほど怒っていなかった」という印象を持ってしまったのです。いま考えると、「自分の想定した以上の出来事を目の前にし、怒りという感情ではなく『目の前の光景を受け入れたくない』という思いが強くなるがあまりに『信じられない』という表情になっていた」のでした。


「……。うーん、考えさせてくれ。後で指示を出す。いや、追って沙汰を下す」

ガタンとドアが閉められました。

救いようのないほどバカな私は、ここでその師匠の表情から、「師匠は怒っていなかった。きちんと状況を説明し謝罪すれば、最悪のしくじりも勘弁してくれるんだ」

「何事も、きちんと謝罪さえすれば大丈夫だ」

どこから来るのか、そんなバカでダメな奴特有の安心感を胸に自宅に戻りました。

激怒

そこに送られてきたのが、事務所からのファックスでした。

「談志師匠はかなり激怒されています」

文面から、その度合いがすさまじいものと想像しました。

直接私に言うとより怒りが倍増するから、事務所の女性事務員を通しての指示となったのです。

「以下、冷蔵庫の中身を原状回復せよ、とのことでした」という言葉から下は、「マグロ中落ち、くさやの干物、とうもろこし」などと腐らせた品物が並びます。私が殺人犯ならば、被害者が読み上げられている裁判所の様相を呈していました（いや無論私は殺人などしでかしたことがありませんが)。

そして、次の品名に目を疑いました。

「ひらめ、伊勢海老……」

冷蔵庫の中には入っていなかった食材でした。

「たしか、ブラックタイガーだったはずだけど……」

ブラックタイガーが私によって非業の死を遂げて、二階級特進を果たしたのです。いや、ブラックタイガーは出世魚だったのでした。ハマチがブリに名を変えるように、ブラックタイガーが伊勢海老へと昇格したのです。

以上、すべて買いそろえろという命令と、「顔も見たくない」ということで自宅謹慎を命じられました。

後から聞いた話ですが、「腐らせたものをそのまんま買い直したとしても、怒っただけ俺は損をしている格好だ。そうだとすれば、あいつも心苦しいはずだ。だからペナルティとしてランクを上げた」とのことでした。

どこまでもロジカルなのでしょうか。

結果私は、築地に顔が利くという桂文字助師匠に相談し、何とか指定された品を買いそろえ、1カ月の謹慎の後、復帰が許されることになりました。

最後に手を焼いたのが「くさやの干物」でしたが、これは公衆電話で屋久島漁協の電話を調べて、直接掛け合ってゲットしたものでした。

ここに至った大失敗の経緯を話し、「私のクビがかかっています！」と涙ながらに訴えると、それに絆された格好で漁協関係者は「じゃあ、子持ちの最高級のくさやを手配します」と応えてくれたのでした。

師匠、そしていまは亡き文字助師匠、私と一緒にいたというだけでもらい火事のように謹慎を食らわせることになってしまった國志舘（現・三遊亭全楽）くん、ごめんなさい。

ほんと、みんなに迷惑をかけて、私はいまここにいます。

狂気の気づかい

5

「慣れ」た時期こそ要注意

「すまねえようにしてやる」

相手の「こだわり」を察する

冷蔵庫事件という「大しくじり」は、私の修業生活のみならず、多大なことに波及しました。

まず「謹慎」というペナルティです。

それまでは一発アウト的にクビを言い渡される形が多かったのではと推察します。

いや、そんな信じられないほどのしくじりをする使えない弟子は皆無だったのかもしれません。

私よりだいぶ前にうちの一門に入門したタレントのダンカンさんは、一緒に飲んだとき「しくじりだらけでクビになるかと思っていたら、意外にもたけしさんを紹介してもらえた」と懐かしそうに語っていました。ダンカンさんのタレントとしての資質を談志が見抜いていたのかもしれません。
「こいつは俺のところにいるより、別の道に行ったほうがいい」と判断したからこそ、たけしさんを紹介したのでしょう。

このダンカンさんの一件は、私が入門したときは伝説的に語り継がれていました。と、同時に「もしかしたら、たけしさんとの縁を談志がつないでくれるかも」と思う空気感がまだ私が入門した当初ぐらいまで漂っていたのかもしれません。

実際、入門直後にすぐやめた私の後に入った弟弟子は、談志に電話して、「師匠、落語家やめます。つきましてはたけしさんを紹介してもらえませんか?」と言い放ったそうです。

これは師匠が呆れ果てながら語っていたものでした。
「こんなバカな奴が来るとはな」とため息交じりでしたっけ。

ダンカンさんのころと異なり、談志も50代から60代になるあたりの、体力の衰えも重なっていたのでしょう。何かの不愉快な出来事に遭遇した際、怒りに任せて「クビだ」という措置ではなく、「謹慎」という形での断罪が増えました。

自分の怒りのほとぼりの冷め具合を、未来に委ねるのが「謹慎」という形式でもありました。

弟弟子の志っ平（のちに文治師匠門下で柳家小蝠。2018年1月死去）君のしくじりは、「師匠からもらった小遣いを何をとち狂ったかゴミ箱に入れてしまった」ことでした（爆笑）。

私に近いうっかりミスです。無論、捨てたゴミの中にお金が入っていたときの師匠の激怒ぶりはすさまじいものでありました（むしろ泣きそうにすら見えました）。

彼はのちに「上納金未納問題」（後述します）でうちの一門を去ることになりましたが、このときはほぼほぼ1カ月ぐらいの謹慎期間を経て、復帰を許されたのでした。

その後、一門の志らく兄さんのお弟子さんも、何度か謹慎という形でのペナルティを科されることになります。

厳しいようですが、実は「その後の態度をあらためることで復帰もあり得る」という意味では、クビ宣告に比べて弾力的でもあり、優しい措置であるとも言えるのです。

「踊りと唄」へのこだわり

さて、話は戻りますが、「冷蔵庫事件」以後、談志のほうも「本人のミスとはいえ高いものを買わせてしまったな」という反動からでしょうか、DV亭主のハネムーン期のような「優しさ」が私に対して現れてきたことがありました。

もしかしたら、「こいつは心底不器用な奴だから、談々のようなできる奴にフォローさせたほうがいい」と考えてくれていたような感じでしょうか。要するに広い意味での諦めからでしょうか、以前に比べて怒られなくなったような風にも見えました。

そして、基本的に師匠には談々とその1つ上の談生（のちの談笑）とがつくようになり、「お前は、踊りや唄の稽古に行け」と直に言われたりもしたものでした。

そうなんです、「クビから謹慎」というシステムチェンジにあたる時期に、談志の弟子の昇進基準も「踊りと唄」へとシフトしていったのです。

いま談志の年表を見ると、「最初のガンが発覚する直前」あたりの、身も心もダウン気味のころでもありました。

その空気感を敏感に察知したのが談生でした。

彼は私と同い年で、入門は私よりもさらに遅く、また当時所帯を持っていました。

かような危機感の上に、さらに彼の場合は前職が塾講師ということもあり、何事においても「傾向と対策」を前提に動こうとしていました。

そして前述したように談志に直につく時間は彼のほうが私よりも長く、師匠が発する「踊りと唄」へのこだわりに対して敏感でもありました。

彼は早稲田大学出身で、私が慶應ということもあり、一緒に勉強会という名の落語会も開くようにもなりました。そんな間柄だからこそ彼は必死に、

「兄さん、一緒に二つ目になりましょうよ」

などと持ち掛け、

「師匠が好みのこの唄の音源、中野の図書館で発見しました。一緒に行きませんか」

「東京音頭の当て振り、思いつきました。一緒に師匠の前で踊っておどかしましょうよ」

などと頻繁に誘ってくれていたのですが、当時の私ときたら、1人で行ける結婚式の司会やら、落語会やらの仕事も増え始め、

「いやあ、どんなに頑張っても師匠は順繰りに昇進させるに決まっているから」

などと体よく断ってしまっていました。

弟弟子に先を越される

そんなだらけた匂いに、談志は人一倍敏感でありました。

談志からしてみれば、「俺のところに来なくていい」という意味で与えた自由時間は唄や踊りの習得のためだったはずなのですが、そこを埋め合わせるかのように私は仕事を入れてしまっていたのです。

そして、「なあ、談志って酷いんだろ」などと打ち上げの席で客に水を向けられると、「酷いなんてもんじゃありませんよ」などと件の「冷蔵庫事件」などを盛った形で話していたものでした。

つまり、同情を誘うように、あちらこちらでかわいそうがられるという「捨て猫」みたいな日々を満喫していたのです。

そんな私に対して談志が言ったのが、

「このまんまですむと思っているだろ？　すまねえようにしてやるからな」

でした。

そして、そんな談志の静かな怒りにすらひたすら呑気だった私に、最後通告のような仕打ちが待っていたのです。

それが、「弟弟子である談生の二つ目昇進合格」でありました。


落語界は確固たる身分制度が前提です。

前座、二つ目、真打ちと3つの身分しかありませんが、真打ち昇進に際しては、「抜いた・抜かれた」など話題性も含めて、悲喜こもごもの風情があります。しかし二つ目に関しては、それはいっさいありません。あくまでも年季順、入門順なのが通例です。

逆にここで真打ち昇進のような「芸の到達度」的な概念を二つ目昇進の際に導入してしまうと、弟子間の人間関係がゴタゴタになるのは目に見えています。

つまり、談志はそんな落語界の常識をも破壊してしまったのです。

理由ははっきりしていました――「こいつ（談生）は、俺の設定した二つ目昇進基準を満たしただけだ」

真打ち昇進基準をめぐって立川流を創設したはずの談志でしたが、それまでは二つ目昇進に関しては落語界の形式を墨守していました。談生の出現で、それすらも捨て去ってしまったのです。

いまでこそこうして冷静さを保ちながら書いていますが、これに関してはいまだに「悔しすぎて涙が出そうになる」ほどのセンシティブな案件です。これは落語家にしかわからない感性でしょうが、ほんとつらすぎる一件でした。

が、彼我の差は歴然でした。

私が呑気に仕事に明け暮れわずかな銭を稼いで安酒をあおっていた間、彼は必死に談志の基準をクリアすべく積み上げていただけなのです。

人生は「積み重なったもの」を盛り合わせるためだけの器なのかもしれません。「冷たいとか過酷とかではなく、ただ正直なだけ」。それが人生なのでしょう。

談志の「すまねえようにしてやる」という言葉は、はっきりと「二つ目の段階で弟弟子に先を越された」という格好で具現化されたのでした。

生き恥を曝す

談志は嫉妬について、こう定義しています。

「嫉妬とは、己が努力、行動を起こさずに対象となる人間をあげつらって自分のレベルまで引き下げる行為」

悔しさを談生に対しての悪口や罵倒でやりすごすことも、兄弟子だからできたでしょう。

でもそんなことをするより、もっと生き恥を曝そうと私は決意しました。

弟弟子の二つ目のお披露目会に、兄弟子として手伝いに行こうと決めたのです。これは、落語界では前代未聞のことでした。

「君のお披露目。手伝いに行くよ」

彼に伝えると、「いやあ、勘弁してくださいよ、それは」と困惑しましたが、「誤解しないでね。嫌がらせで行くわけじゃない。より恥をかかせてもらえないかな、それだけなんだ」

私の真摯で必死の依頼に、彼もその真意を把握してくれたのでしょう。こう言ってくれました。

「兄さんのそのいい意味での不器用さ。きっと師匠はわかってくれますよ」

彼とはあれからもいい人間関係が続いています。

狂気の気づかい 6

「甘え」は見透かされ、我が身に返ってくる

「俺の言うことは矛盾がつきものだ」

不合理を飲み込む

「修業とは不合理、矛盾に耐えること」

頻繁にサインにも記したこの言葉は、『あなたも落語家になれる　現代落語論其二』（三一書房）に記されていたものでした。

この本は1985年の春ですから、大学2年になったばかりのころ、出版された本でした。

私は当時、慶應義塾大学落語研究会に所属していました。

あのころのいわゆる「オチケン」は、どこの大学も体育会系的上下関係がありました。我が部も「1年アメーバ、2年虫けら、3年人間、4年天皇、OB神様」というヒエラルキーが確立されていました。

私より年齢では一回り上にあたる明治大学の落研出身・談之助師匠の時代のころから激しいものだったそうで、「正直、落研のほうが厳しかった」とまで言い切るような苛烈さがあったそうです。

私もそんな1年の「アメーバ」時代を終え、2年生の「虫けら」になろうというまさに「啓蟄時代」にこの本を知り、すぐさま大学の生協で予約し、むさぼるように読んだものです。

そしていちばん引っかかったのが「修業とは不合理、矛盾に耐えること」でした。さすが談志のロジカル性を如実に表すセリフだと思っていましたが、のちにこれは談志の身内にあたる職人の言葉だと知りました。

「修業とは、不合理、矛盾に耐えること。辛いからこその修業なのだ」

これを何度も唱えることで、自らを客観的に捉え直すことができるような気にもなりました。言葉の魔力でしょうか。いまは厳しいけれど、きっと救われ報われる――自らが殉教者のようにも見えてきたものですから不思議です。

夏ミカン1つで大目玉

さて、人生の基軸にもなり得たこの言葉ですが、談志当人から聞くことになったのがまさに前座初期のころでした。

談志とプライベートでも仲良くしている、とあるお寺の住職がいました。若いころからの付き合いでもあり、事あるごとに談志は遊びに行っていたものでした。悪ガキ同士みたいなノリでした。

あるとき、談志から自宅にいた私に、そのお寺から「お盛物をもらってきてくれ」との指示が下りました。

「お盛物」とは、要するに「お供えもの」のことです。

フルーツが中心でありますが、大きなお寺ゆえ、たくさん供えられるのでそのお寺さんでも持て余し気味でもありました。談志は定期的にそのお寺から「お盛物」をもらっていました。お互い「利害」は一致していたのでしょう。

すぐにそのお寺に電話をし、師匠からの話を伝え、取りに行くようにしました。が、そのお寺に着いてみると、夏場でもあり、バナナなど大半が熟していて一部は腐りかけていました。無事だったのが「夏ミカン1個」だけでありました。

「どうする、大半はもう腐りかけているよ。無事なのはわずかだよ」

住職もいくぶん呆れていましたので、談志に電話を入れて事情を伝えることにしました。

根津にいた談志は夕暮れ時分から飲んでいたらしく、けっこう上機嫌でした。

私は「夏ミカン1個以外は腐りかけています」と現状を伝えました。

すると、「おう、すまねえな。わかった、じゃあいいや、うまく処理してくれ」とはっきり言いました。

「夏ミカン以外が腐っている」という言葉と談志の陽気な、いつになく優し気な言葉尻から、「お前たちで処理してくれ」と勝手に判断し、腐りかけたバナナは自宅に持って帰って廃棄し、無事な夏ミカン1個は無駄にしてはいけないと思い、おいしくいただくことにしました。フルーツなど食べられない前座時代、たしかに甘露とも言うほどうまかったものでした。


その翌日です。

談志から電話がかかってきました。

昨日とは打って変わって、怒りに満ちていました。

「夏ミカン、どうした」

「いただきました」

「なぜ、いただいた!?」

「いいえ、昨日お電話させていただいたように、お盛物はほとんど傷んでいました」

少し間がありました。

自分が「処理してくれ」と言ったことを思い出したような気配を感じました。

「夏ミカンは腐ってなかったのか？」

「はい、1つだけ無事でした」

「あのな、俺はたしかに上手に処理しろと言ったかもしれねえが、俺の言うことには矛盾がつきものだ。状況に応じて判断しろ。たかがお盛物、1つの夏ミカンじゃねえんだ、馬鹿野郎」

一方的に電話は切られました。

謝ることすらできませんでした。

「自分の感覚」で判断してはいけない

いま考えてみても、たかが「夏ミカン」1つのことでもあります。そんなことで怒りを感じるのかと思いますが、ここでは何度も訴えていますとおり、修業とは師匠の機嫌こそすべてなのです。

電話のやり取りだけですと、話の流れ的には、「夏ミカン1個だったらお前が食べてもいい」という雰囲気でしたが、要するに「ニュアンス」だけでは処理してはいけないというのが師弟関係の空気感なのです。

私が、たとえば「夏ミカン1つだけ無事でしたが、いまからお届けにあがりましょうか」という一言を添えていれば、談志としては、「そこまで俺に気づかってくれているのか」という気持ちも芽生え、「いやあ、そこまでするにはおよばねえ、食っちゃってくれ」という答えになったはずだと、いまさらながら後悔しています。

要するに私があのとき師匠に電話して抱いた空気感は、「私だけの空気感」だったのです。

そこをきっちり「談志の空気感」として察知できないといけなかったのでしょう。それが修業なのです。

まして、たしかあの忌まわしき「冷蔵庫事件」の直後でもあり、「食べ物」に関してはセンシティブな時期でした。それを弁えていれば、こんなことは起きなかったのでしょう。

いずれにしてもまだまだ師匠の機嫌を読むことには慣れてなかったのだなあと、いまこうして書きながら反省するのみであります。

細かさの中にすべてが宿る

さすがに「夏ミカン1個」で謹慎とはなりませんでしたが、その後も談志は「細かいことを言うようだがな。その細かさの中にすべてが宿るんだぞ」と事あるごとに言ったものでした。


「千両みかん」という落語があります。

若旦那が夏場、患って床に就いたきりになります。若旦那と幼馴染の番頭がその理由を尋ねると、「みかんが食べたい」と一言だけ言います。てっきり恋の悩みかと思っていた番頭は「お安い御用です」とつい言ってしまいます。

それを大旦那に打ち明けると、「この暑い時期にみかんなんて手に入るわけがない。お安い御用などと言うバカはない。命がけで見つけてこい。さもなくばお前は磔だ」とまで言われて難儀します。

足を棒にして探しまくった結果、みかん問屋の蔵の中に1個だけ無事なみかんを発見します。値段がなんと千両。帰宅後主に伝えると「息子の命には代えられない」と千両で購入します。

千両のみかんを手に入れ、若旦那に食べさせるといっきに体調は回復してゆきます。若旦那は10房あるうち3房食べ残し、「この3つはお前とうちの両親に」と番頭に渡します。

番頭は帰り道、「3房で三百両か。俺はのれん分けしてもらってもそんな大金はもらえないだろう」と思い詰めて、3房持ったまんま逐電してしまう——という噺です。

まさに、「夏ミカン1個」で談志が激怒した案件でありました。

「不合理、矛盾そのもの」として封印し、記憶の片隅にパッケージしていたような忘れかけていた思い出でもあります。こんな話をすると「談志はケチだねえ」と一笑に付される一例かもしれませんが、人間は誰でも「夏ミカン1個」どころか「たった一言」で歓喜したり、激怒したりする生き物なのです。

こんなことを思っていたら、とあることを思い出しました。

狂気の気づかい

7

不合理、矛盾は当たり前と心得る

2018年の平昌オリンピック・スピードスケート女子500mで見事金メダルに輝いた小平奈緒選手に向かって、アナウンサーが放った一言です。

あのとき、感極まったアナウンサーが彼女に向かって「獣のような滑りでしたね」と言った瞬間に、周囲は完全に凍りついたものでした。

言ってしまえば、向けられた言葉に関しては誰もが「ケチ」になるとも言えるのです。

ああ、夏ミカンが食べたくなってきました。

2

師匠を不快にさせない

「平均点の気づかい」

「そのへんで遊んでろ」

「即実行」のすすめ

第1章は、謝罪についてドキュメンタリータッチで記してみました。

謝罪はいわば怒りに対しての応急措置、緊急の「止血法」みたいなものです。

激怒している際の師匠の罵声は、交通事故現場で大怪我に見舞われた人の悲鳴でもあります。目の前の怪我人にはまずは痛み止めと止血をするのが当然で、差し当たっての処理が謝罪に相当します。

つまり謝罪とは、「怒りをより悪化させないため」の処世術そのものであります。


これはまさに「そこまでしなければならないのか」という自分との葛藤でもあり、ただこの葛藤も悩ましいもので、本気で謝っていないと対象にそれが伝わってしまうものでもありました。

ただ徹底的に謝罪することを繰り返してゆくと、さすがにだんだん慣れてくるもので、よく一門会などでは「前座が板についてきたね」などと言われたものでした。

おしなべてどこの一門でも前座さんは腰が低くてかしこまっているものです。それが敵意を与えない作法になっていったものでした。

献本と露骨なヨイショ

さて、では第2章からは、その失地回復法のようなリカバリー術も数多のエピソードから申し上げたいと思います。

ただここでも、「言われたことをやる」にすぎないレベルの気づかいでもあります。まだまだ上には上があるものです。

が、とはいえ謝罪すらできなかったような印象を与えがちだったころに比べては、格段の進歩を感じたものでした。

「マイナスからゼロ」、すなわち「やっと師匠の用を足せる」という時期に遭遇したのが、「この本、わかりやすく説明してくれ」という課題でした。

談志の下には山のような献本が送られてきたものでした。

以前申し上げたように、談志は基本、練馬と根津の2拠点生活（もう1カ所の新宿はたまに行くだけ）を満喫していましたから、普段の住居空間である根津に届いた本は別として、練馬に届いた本は前座が根津へと届けるケースが頻繁にありました。

毎日1冊どころではありませんでした。談志は自身が数十冊もの本を出版していましたし、ましてその影響力を考えて著者や出版社から1日数冊もの本が送られてきたものです。

1990年代半ばごろは、いまよりも出版業界はにぎやかだったはずですから余計でしょう。年間、ざっと1000冊近く届いていたのではと推察します。

談志は帯文のコメントを依頼されるケースも多く、某著名作家は師匠との対談で「談志師匠に帯を書いてもらうのが夢で、実際書いてもらった本がすぐ重版になりました」と満面の笑みを浮かべていたものでした。

あ、余談ですが、談志はかような「露骨なヨイショ」を案外喜んでいましたっけ。

とある某売れっ子タレントが練馬の師匠宅に来ていたときです。師匠は手製の料理でもてなしていました。酒も入り、さすがに機嫌の良くなった師匠が「おし、トルティーヤつくってやるから食っていけ」と言い、小麦粉を取り出して、冷蔵庫のあまった食材を細かに刻み始めました。

おそらくメキシコに旅行したときに勝手に立川流ならぬ我流で覚えたテキトーなものでしょう。分量もへったくれもあったもんではないはずですが、なのにそのタレントさんときたら、ポケットからメモ帳を取り出して、談志にレシピを聞き始め、メモをし始めたのです（笑）。

心の中で「見りゃわかるだろ」とひそかに突っ込みました。

木下藤吉郎が織田信長の草履を懐に入れて温めるようにしか見えない見え透いた行為でしたが、談志の機嫌はますます良くなっていったものです。

さすが売れっ子タレントだなあと、尊敬した一コマでした。

薦められた本は一晩で読む

とまれ、その膨大な献本の1冊を、「お前、読んでみろ」と渡されたときがありました。前座の半ばごろのことでした。

師匠との距離感もだんだんわかってきた時期で「とりあえず地雷には気づいた」そ

んなころでもありました。

「また暇ができたら読めばいいや」と思い、すぐには読まずにそのままにしておいたのですが、3日後でしたか、「おい、あれ何が書いてあった」と急に聞かれてしまいました。

「あ、すみません、まだ読んでいません」と答えたのですが、そのときの談志のリアクションは、怒りというよりもなんともそっけなく「あ、もういいや、そのへんで遊んでろ」と、肩透かしのような拍子抜けの物言いでありました。

直接怒られたわけでもなく、露骨な形で機嫌は損ねてもいません。しくじり未満とは思いましたが、その先に確実に存在するただならぬ空気を察知し、「これはまずい」と判断した私は、帰宅後、即座に熟読を開始しました。

「そのへんで遊んでろ」という穏やかな口調の奥には、埋み火のような熱さがこもっていたのです。

火事でやけどしたのではなく、ドライアイスをくっつけられたような痛みでしょうか。

その著者はとある学者でしたが、ふとその数日後の師匠のスケジュール帳に、その学者との対談が組まれていたことを思い出しました。

「きっと、その対談であの本の話題になる」

やっと本腰を入れて、その本と一晩かけて向き合ってみる決意が芽生えました。

まずその学者の言いたいことをレポート用紙に箇条書きにしてみました。

そして、同意には赤字で、反論には青字でそれぞれ色を変えてメモを連ねてゆきました。

談志の好みそうな発想の学者だから、きっと対談も盛り上がるような心持ちはとても快適に感じたものでした。


「言いたいことがあるから本を書く」

これは駿台予備校の名物国語講師のセリフで、その「言いたいこと」がわかれば、国語に関しては受験なんてちょろいもんだとよく聞かされました。

実際、慶應義塾大学経済学部の入試においても、数学ではほとんどゼロ点だったにもかかわらず、小論文では完璧に対応して合格した過去を思い出しました。

やっとそんな「経験」が役に立つときが訪れたのです。

「そのへんで遊んでろ」は、諦めの極致

とまれ、私は談志にわかりやすく説明できるよう1枚のレポート用紙にまとめてみました。

翌日、談志の機嫌を見て、「先日の○○先生の本ですが、こんなことが書いてありました」とその著書の概略を説明しました。

談志は、いかなるときでも本質を突いてくる人でした。

インターネットが出始めのころでしょうか、そのイメージがまるでつかめていないときに専門家との対談で、

「要するにあれだろ、世界中のアリの数は？　って、聞けばすぐわかるようになっちまうってことだろ？」

などと言って相手をうならせたものでした。いま考えるとまさに「ChatGPT」の出現の予言そのものでもありました。

私の説明に談志はうなずきながら、

「ほう、わかった。ありがとよ」

そっけなくも感じましたが、感謝の意の表明は正直、弟子として嬉しかったのをいまでもはっきりと覚えています。

そして、次のセリフが私に向けられてきました。

「いいか、もらった本はすぐ読めよ。俺が聞いたらすぐ答えろよ」

「はい！」

「そのへんで遊んでろというのは、諦めなんだからな」

響きました。

やはり、想像していたとおりでした。

あれは、やはり激高より恐ろしい感情だったのです。

弟子ごときにまで、こんなにも怖さの感情を幅広く表現できる力があるからこそ、ある意味あの人は最高の落語家になり得たのかもしれません。

私を「物書き」にしてくれた先見性

おそらく談志も私がそのときそう思ってくれたと、そのリアクションから判断したのでしょう、以降、献本処理担当を引き受けることになりました。

無論「お前にやるよ」と渡された本はすぐに読むようになったものです。「すぐに読んで師匠にわかりやすく説明できないとまた怒られる」という「恐怖」こそが最大の原動力でありました。談志は常々「恐怖がいちばんのモチベーション」と言っていたものでした。


そのおかげか、大半の書籍はよほどの専門書でもないかぎり、一晩あれば読めるようになったばかりか、談志のそばでその「快・不快」に接していると、明らかに「ああ、これは絶対師匠の趣味には合わないな」と峻別できるセンスもいつの間にか備わっていることに気づいていきました。

これは思わぬ余禄でもありました。後年、談志は石原慎太郎都知事（当時）に勧められたとある小説家の本について尋ねてきました。

元より小説はさほど読まない談志でしたし、私もその作家はレトリックがうまいだけの人というイメージしかなかったので、一読して「いや、さほどでもありません」と答えたものです。

「なあ、そうだろ。やっぱり」

弟子とはいえ、同じ価値観を持ってくれたことへの評価と感謝にも響いたものです。

「与えられた献本を読む」という、まあ当たり前のことでしたが、これも積み重なった結果、いま、私は落語家という肩書きを持ちながらも、日本文藝家協会にも所属して文筆活動でも食べていられる身分でもあります。

やはり、談志にはきっと予知能力があったのでしょうか。いや、まさにいまこういう本を書いて糊口をしのいでいるのですから、そうとしか思えない日々であります。

いまあのころと比べても過酷な出版不況の中、あの日あのときの修練のおかげで出版依頼が来るという僥倖を噛みしめています。

狂気の気づかい

8

勧められたことは、「何でも」「すぐに」やってみる

「これを、才能の無駄遣いってんだ」

一緒にいる時間のすごし方

謝罪は止血だと例えましたが、要するに「それをしないで放っておくと、どんどんマイナスの値が大きくなってゆく」のが怒りでした。

それをいったんストップさせるのが「謝罪」なのですから、戦争で言うならば「停戦」という感じです。無論、解決にはほど遠く「一時停止」にすぎません。そこから回復させてゆく渦中で信頼を得る形です。

信頼はわかりやすく言えば、「通貨」みたいなものです。

談志はよく「俺からの信頼を獲得しろ。たとえば、志の輔の評価を下げようと俺にその悪口を言ってきた奴がいたとする。俺はそんな奴がきたら、『あの志の輔がそんなことを言うわけがない』とかばってやる」と言っていました。

志の輔師匠は談志から莫大な信頼を置かれている（通貨を有している）という意味で、貧乏前座からしてみれば、大富豪のような存在でした。

とはいえ、そんな志の輔師匠にしても、入門したばかりのころは、自分と同じ見習いや前座という立場からのスタートでした。

談志との修業という取引の中では「無一文」から出発してその地位を得たのです。

つまり、談志を激怒させ続けてきた当時の自分は失点を回復し、得点に結びつけてゆかねばならない立場でありました。

神経がこまやかでなければやっていけない

さすがにそこまで怒られ続けたかいがあり、「冷蔵庫事件」のような最悪なケースを招かないだけの作法は身につけてきたあたりでしょうか。よく言われたのが「冒頭」の「才能の無駄遣い」という言葉でした。

これも今回の「狂気の気づかい」を象徴するようなセリフであります。

つまり、「気づかい」とは一言で言うならば、「談志との彼我の差を埋める行為」なのです。

その趣旨は、談志の機嫌を良くすることにあり、機嫌さえ良くさせれば、無条件に評価し、さらには芸をはじめとした諸々のアドバイスを寄越してくれたのが談志だったのです。

ミニマムの信頼を得た私は、マンツーマンで一緒になるケースも増えてきました。地方への旅などです。

あの談志と一対一になるというのは、いま振り返っても猛烈にストレスになる過酷な環境でもあります。ただ、たしかに不快にさせてしまうこともありましたが、次の行動によっては上機嫌に回復させることもできるわけで、決して悲観的な状況でもありませんでした。

そして、案外、談志は一対一になると優しい部分も持っていました。

「万が一こいつがプッツンしていなくなったら、俺は一人ぼっちだ」という感覚はあったのでしょう。

芸人とは、神経質な生き物です。

自分の発する言葉、選択した行動が、観客をも含めた第三者にどんな印象を与えているのかというセンサーを常に働かせて生きているかぎり、ナーバスがデフォルトなのです。

私も、これまで談志を含めた超売れっ子芸人や各界著名人と何十人も接してきましたが、まず「神経がこまやかではない人」は皆無でした。

一度、飛行機だか汽車だかが事故やらで遅れて現地入りした際、迎えに来た関係者がまず「長旅お疲れ様でした」などとその労をねぎらうべきところを、無神経さ丸出しで「随分待たせたもんだなあ」と言い放ったことがありました。談志は途端に「帰る！」と言って帰ってしまったそうです。

実際、談志へのインタビューの打ち上げなどで、傍若無人に「いやあ、談志師匠って、もっと図太い人だと思っていましたが、神経こまいんですね」と臆面もなく言い切った人もいましたが、そのお方とのお付き合いはそれだけで終わりました。

「一緒にいる時間」に感謝する

落語は、ガラス細工のような繊細な言葉を優しく丹念に積み重ねてつくり上げられた文化です。落語自体がそのような差配でつくられているものなのですから、日ごろの言動や立ち居振る舞い、佇まいも落語と同じように鋭敏さを追求しているのが、談志だったのです。

毒舌家としてその名を馳せてはいましたが、それはファンをはじめとする受信者が勝手に世間に植えつけたイメージでありました。逆に、そんな大衆の抱く幻想をうまい具合に取り込むセンスと、落語への情熱との積み重ねこそが談志のキャラクターをつくっていたとも言えましょう。

つまり、談志には元来「誤解」がつきものだったのです。

そして――「世の中は、誤解があるだけだ。自分にとってのいい誤解と悪い誤解な。みんな誤解なんだ。もっともいまのお前にこんなことを言ってもわからないだろうけどな、これが才能の無駄遣いだ」――などと、頻繁に言っていたものでした。

無論、徒弟制度は損得勘定だけで処理すべき案件ではありません。

が、談志は講演会などスポンサーがついた形でしゃべるときは、たった1時間で莫大なギャラが入ってくる人でした。

そういう天才と、一対一で時間と空間を共有できるのですから、本当に贅沢そのもののはずだったのです。

そんな贅沢がわからない相手に対して「もったいないな」と思うのも当然で、その愚痴をロジカルに表現した言葉が「才能の無駄遣い」でありました。

たとえば東京から離れた九州などを、1週間ぐらいかけて前座として同行したものでしたが、そのたびに「才能の無駄遣い」と言われました。

無論、これを発するのは、落語会を終えて談志ファンの住職が切り盛りするようなお寺で、さらには談志の追っかけやその書籍を熟読しているマニアが大勢いるような状況での打ち上げなどという「機嫌上々」の際に出てくる言葉でもありました。

「才能の無駄遣い」とは、「理解力のないお前にはもったいないほどの知見を、いま披瀝しているんだ」という意味合いでしょうが、もっと突き詰めて考えてゆくと、「俺のいま無防備に発している言葉や思想は、俺の絶大なる経験値から瞬間的にはじき出された宝物なんだ。引き締めて受け止めろよ」というアドバイスでもありました。

その証拠が、いまこうして皆さんが読んでいるこちらの本なのです。

言葉の意味は「受け手の器」に左右される

談志の発言には毒が含まれていました。マニアはそれらを浴びたがるもので、実際かつての私はそれに酔いしれていたものです。つまり、大麻草みたいなものでしょうか（無論私は吸ったことなどありませんが）。

大麻草はそのままだったら、ただの草です。

いま時間が経過し、それを「精製」する手管をやっと見出した私がこのような本を書いているとも言えるわけです。

そんなあのころを書きながら思い浮かべていますが、ふと「在ペルー日本国大使公邸占拠事件」の直後のことを思い出しました。

調べてみると、事件が発生したのは、１９９６年12月17日のことでした。俗に在ペルー日本国大使公邸人質事件とも呼ばれ、およその4カ月後に解決した世界中を騒がせた事件でしたが、談志はとある地方の落語会の打ち上げ会場で、その話題になり、居並ぶ地元の談志ファンを前にぼそっと、こう言いました。

「いやあ、大使館員なんて、そもそも人質みてえなもんだ」

いま考えても、なるほどと膝を打ちたくなるほどのヒットフレーズでした。

ただ、打ち上げという空間で参加者一同談志のことが好きすぎて緊張していたせいか、落語会の会場のような爆笑というリアクションにはなりませんでした。

そんな空気感を察知したかのように、「まあ、いま言ったことがすなわちこれを唱えて才能の無駄遣いと言うんです」と照れ隠しっぽくつぶやきました。

あらためて「大使館員はそもそも人質みたいなものだ」は、真理に思えてきます。みんな当時は事件がセンセーショナルだっただけにそれにつられる格好で、物事の本質が隠されてしまっていたのでしょう。その隠された本質を談志はズバリと暴いてみせたのです。

これは「新聞で正しいのは日付だけだ」に匹敵するような、一発でカードを裏返しにして正体を明かしてしまう、さながら名探偵のような言葉でした。

やはり、言葉は受信者のものです。発信者がどんな名言や警句を吐いたにしても、聞き入れて、噛みしめて、理解してついには「受肉」させるに至るのは受信者なのです。

あらためて凄い人のそばで修業させていただいていたんだなあと噛みしめるのみです。

狂気の気づかい 9

言動のすべてに「学びがある」と心得て接する

「あ、起きてたか。いまから来てくれねえか」

無茶振りへの対処法①

談志がナーバスだとは前項で申し上げました。

さらには寂しがり屋でありました。

そして気が小さいという、言動や芸風とは真逆のキャラでもありました。

まさに「ギャップ萌え」でしょうか。もちろんあのころはそんな言葉はありませんでしたが。

「悪かった、怒りすぎた」

いつぞや、亡くなった一門の兄弟子の左談次師匠から、こんな話を聞きました。

やはり左談次師匠も、若いころドジの連続で、前座時代はけっこう怒鳴られ続けていたとのことでした。まだ談志も30代前半の血気盛んなときの入門でしたから、50代半ばの私のころよりは、厳しさも想像を絶していたと察します。

ある夏の日のことでした。

とあることで談志の逆鱗に触れ、「消えろ！」と怒鳴られたそうです。

要するに「お前の顔は見たくない。いますぐここから去って行ってくれ」という意味合いですが、私も何度か言われたものでした。

うだるような暑いときでした。

開けっ放しのドアが気になり、左談次師匠は、「ここ、開けたままでよろしいでしょうか？」と尋ねました。

「暑いから開けてあるんだバカヤロー！」

と火に油だったとのこと。

また怒らせてしまった……落ち込んで蚊の鳴くような声で、「失礼します」と帰ろうとしたとき、突如、突風が吹きました。

バタン！

いきなりドアが閉じられました。

談志は血相変えて「悪かった、怒りすぎた、俺もこんなときがある！　気にすんな」とドアを開けて言い放ったそうです。

腹に据えかねた弟子が怒りに任せてドアを思いきり強く閉めたものだと解釈したのでしょう。


いやあ、談志の普段のキャラが横溢する笑えるエピソードですよね。

この話には続きがあります。

後年、左談次師匠と飲んだとき、この話を振ったところ、

「バカヤロー、そんなに都合よく突風が吹くわけねえだろ」

「え、じゃあ、左談次師匠がドアを……」

「当たり前だ、お約束だよ」

その目はいたずらっ子そのものの茶目っ気たっぷりでありました。

目上とは一線を引く

入門直後でしたか、兄弟子の談春兄さんから聞いた話があります（あ、ちなみに落語家は、「入門当時、真打ち以上の兄弟子に対しては『師匠』と呼び、入門当時、真打ち未満の二つ目・前座の兄弟子は、『兄（あに）さん』と呼ぶ」のが通例です）。

「師匠を、『いい人だ』と受け止めてるのは甘えだぞ」

これも真理でした。たしかにどこかで「怖さ」「凄さ」「芸の上での迫力」という思いで、談志に対して一線を引いて接していないと、「ゆるみ」が生じるものです。師匠に甘えていたとしたら、芸事は絶対身につきません。最前申し上げたように「前座はいつでもかしこまっている」ことが要請されるのと一対です。

ずっと言い続けているように、怒られたら即座に「謝罪」し、次なる善後策で対応してゆくというミクロな行為の積み重ねで構築されているのが落語界なのです。

そんな談志への「甘え」が、ある意味二つ目昇進において弟弟子に先を越されるという「失態」にもつながっていたのだなあと、いまでこそ振り返っていますが、当時はそんな意識は皆無でした。

「談志の前では徹底的に腰を低くしながらも、どこかで今回挙げた左談次師匠のようなある種『上手なしたたかさ』を併せ持つ」というのが理想と言えば理想なのですが、そんなアクロバティックなバランス感覚なんざ保てるわけなどありません。

これは人間関係において正解は存在しないのと同じでしょう。

いま談志が生きていたら「正解は俺だ」と言うはずです。そして「正解ではない、そのときその瞬間で変わる最適解こそ大切なのだ」と言ったはずでしょう。

とにもかくにも、当時の私は「その日その瞬間の談志の機嫌」にのみ傾注するしかありませんでした。

返事は「はい」か「YES」

とまれ、気が小さいとかナーバスとかは、談志の懐に入ってゆくにつれて見せてくれた、安心感からの「弱み」のような匂いでありました。

時期は年末でした。

まだ談志が60歳前の元気だったころも、毎年元旦は一門が勢ぞろいして練馬に集合したものでした。

前座はというと年末からその準備に追われ、談志の指示に明け暮れていました。

暮れも押し詰まったその日も遅くに解放され、他の前座たちは飲みに行っていたらしく、私の下宿に談志から電話が入りました。

それが「あ、起きていたか。無理にとは言わねえが、いまから来てくれねえか。いいか、無理にとは言わねえ」という、思いきり無理を要求しているセリフでした(笑)。

午前2時ぐらいでしょうか、おそらく他の前座にも電話を入れたのでしょうが、たまたま運悪くつながったのが私だけだったのです。いままさに寝ようと布団に入ったときでした。

これは「5分で来い」という合図でしかありません。

トレーナーとジャージという寝間着に上を羽織った形で急いでチャリを飛ばし、玄関のドアを開けると、

「いちばん使えねえ奴が来た」

と苦笑いを浮かべていました。

呼び出しておいてそのセリフはねえだろと普通の人間関係なら一発で破綻するはずでしょうが、何せ「機嫌」がいいのでこちらも嬉しくなったものでした（ここまでくるとまるで洗脳ですよね）。

さて、いったい何をするのかと思っていたら、「ほうれん草ゆでてくれ」とのことでした。

これ、けっこう誤解されがちなのですが、「談志には大勢弟子がいる」というイメージから皆さんかなり「相撲部屋」のような印象を持たれがちです。が、弟子は通い弟子でしたし、前座から昇進すればさほど師匠につくこともなくなるので、案外ドライな環境なのです。

相撲部屋のような世界を想像した地方のお客さんから大量のほうれん草が段ボールで送られてきていたのでした。

そして、さらに前座たちが帰ってしまった後の、おかみさんのいない練馬の一軒家で眠れなくて寂しい思いも増幅したのでしょうか、いつもの反動から優しく接してくれました。

「わりい、すまねえが、1つずつゆでて、水にさらして、絞って、ラップにくるんで、冷凍してくれ」

私は必死になって、ずっと言われた一連の要件をロボットのようにこなすのみでした。

「腹減ったら、トルティーヤ、自分で勝手にこしらえて食っていいから」

台所には談志の食べ散らかした跡がありました。無論食べる余裕などなく、15箱ぐらいの段ボールの中のほうれん草と私はひたすら格闘し続けていました。300束ぐらいあったかと思います。工程の中で、ほうれん草はたしかに冷凍庫に収まりやすいサイズにダウンしてゆきました。

本人も、「夜中の2時に呼びつけたこと」に申し訳なさを感じてもいたのでしょうが、こちらとしても「師匠に甘えてはいけない」という先ほどの不文律を墨守しながら、たくさんのアドバイスをもらうことになりました。

「踊りと唄が大切になる」

「俺1人を快適にしないで、大衆を喜ばせることはできない」

「人間、いいときも悪いときも10年は続かない」

すべて談志という天才が、荒波だらけの落語の世界を乗り越えた果てにたどり着いた珠玉の真理の数々でした。

「お前が俺のところに来たのも何かの縁だ。前座なんて振り返ってみれば、一瞬だ」

その言葉の裏には、いつにない穏やかさと、それ以上に、談志が背負った「孤独感」を覚えたものでした。

失敗を繰り返しながら、正面からぶつかる

たしかに無茶振りには違いありません。

振り返ってみても、普通のサラリーマンの世界ではあり得ない1コマだったはずです。

が、「厳しすぎる措置の後には必ず春が来る」という談志の生理のリズムを会得したような感覚は、「ここまでくれば、厳しい修業も乗り越えられそうかも」という手応えを覚えたものでした。

活路とは、要領よくかわしながらスイスイ行けそうな、最初から存在する道を探ることではなかったのです。ドジを繰り返しながらも、正面から向き合ってぶつかってゆく中で、自分がやっと通れる幅を自力で獲得することなんだと、眠気をこらえながら悟ったひとときでもありました。

寸胴鍋の色が、いつの間にか緑色に染まっていました。

いまでもバスクリンを見ると、あのときの自分を思い出すほどであります。

狂気の気づかい

10

無茶振りほど、引き受けた後にご褒美がある

「机の上にある原稿、いまから持ってきてくれ」

無茶振りへの対処法②

前座修業は、一言で言うならば「更新の連続」でもありました。

要するに「昨日は下手でもかまわないが、今日はそれよりはうまくなっているもの」という判断が随所でなされる立場の存在なのです。

つまり、「次に接したときは、前回より何事も上達していなければならない」という意味で、すべてにおいて「リカバリー」的立場が要求される期間こそが前座とも言えるわけです。

その進歩ぶりが、お客さんにはいちばんかわいがられるポイントでもあります。

毎回定例会で前座を務めている前座さんが、打ち上げでも甲斐甲斐しく働いているとただでさえいじましくかわいらしく目には映るもので、ましては拙いはずの落語でも回を重ねるごとに誰が見てもうまくなってゆく様に年長者はくすぐられる模様で、私はそんな前座時代に知り合った方々からいまだにお世話になっています。

おそらく同じ徒弟制度でもある、商人におけるいちばん下の身分にランクしていた小僧さんを見つめるような目に通じるものがあるのでしょう。

居場所も言わずに「いまから持ってきてくれ」

そして談志は、落語や踊り、唄などの技芸のスキルのみではなく、日々の雑用をこなすにあたってのレベルアップも求めていたものでした。

本項のタイトル「机の上にある原稿、いまから持ってきてくれ」は、前座の中盤から後半期のころでしたか、私の留守電に入っていた談志からの指示でした。

さて、私はいったい、その原稿をどこに持ってゆけばいいのでしょうか？（笑）

おそらく談志の心の中では、「どうにもこうにもまったく使えない不器用なワコールでも、俺のところにいるせいか、何とかなってきやがった。じゃあ、試してやるか」という、茶目っ気というかいくぶんの遊び心が含まれたリクエストだったようにも、いま思うと感じています。

留守電での談志の声のトーンから、怒りという雰囲気ではないものを察知したものでした(あ、まさに、「声のトーンから機嫌も含めた諸々のデータがわかるように」もなれていたのですな、いま気づくと)。

一昔前なら完全にパニクっていたことでしょう。

とっちらかってわけのわからない応対をしていたはずでしょうが、落語の中でも頻繁に出て来る「落ち着けば一人前」というセリフよろしく、直近で師匠にマンツーマンでついていた弟弟子に連絡してみました。すると、「今日はV先生のところで診察で、1人で出向きました」との情報をつかみました。

当時談志が懇意にしていたV先生は、学界でも有名な医師でした。「V理論」というような感じで独自の理論を確立、同業の後進にも影響を与えるような存在でした。

V先生のクリニックなら新橋の一等地、私も何度もうかがったことのある場所でした。

その日の私は、1日オフで、オフの日はというと時折留守番電話をチェックしつつ、落語や踊りの稽古に充てるような日々でした。

留守電の確認後、弟弟子との情報の共有を終え、私は練馬の自宅に行って指示どおりに机の上の原稿を見つけると、即座に新橋に向かいました。

新橋の目抜き通りの一角にある雑居ビルの階段を上がり、通い慣れているV先生のクリニックに入ると、顔見知りにもなっていた看護師さんが「どうしました?」と声をかけてきました。

「師匠からの指示でおうかがいしました。V先生はどちらです?」と聞き返すと、「談志師匠と○○という居酒屋にいますよ」と想像どおりの反応でした。

「やはり」

思ったとおりの結果になると、人間はモチベーションが上がるものなのかもしれません。その看護師さんに○○の場所を教えてもらい、私は颯爽と駆け込んでゆきました。

いまでもはっきりと覚えているのが、談志と一緒に楽し気に飲んでいた、あのときのV先生のリアクションです。

「え？　どうして、ここにいることがわかったんだい？」

即座に談志はかぶせてきました。

「わからなきゃクビだもんな」

にやりと優し気な目をして笑ったものです。

「ありがとな」と私からの原稿を預かり、「駄賃代わりにビール飲ませてやる。先生、いいね？」

と、さほど酒は強くない私でしたが1杯ごちそうになりました（無論支払いはV先生でしたが）。

談志を前にすると緊張してしまい、何をやってもドジばかり踏んでいた私でしたが、やはり「まずは落ち着く」ことこそが大切なんだなとあらためて痛切に感じたものです。

少しずつ「使える前座」に

課題を出されたら、まずその課題にまつわる「最新の情報を有する人」に連絡を取ることが、何事においても優先されます。私の場合、その直前まで談志についていた弟弟子からの情報でした。

つまり、談志の一見無茶振りにも見える課題や指示にはヒントが隠されていたとも言えるのかもしれません。今回の場合は「いまから持ってこい」というのが最大のヒントでもありました。

明日とか明後日のことを依頼しているわけではないのです。「いま」なのです。つまり「いま談志がいるところ」さえ限定できれば、その任務を遂行できるわけで、その場所さえわかれば即座に対応できるのです。

結果、おのずと「V先生」というキーワードが浮かび上がってもきます。

以上は、「一を聞いて十を知る」ような、最初から落ち着くことのできる賢い前座なら即決できることなのでしょうが、私のように「十進んでやっと一目上がる」ような不器用な弟子からすると、たどたどしくもたどり着ける境地でありました。

このころは、談志が若いころの速記本を新たに出す時期にもあたり、「『居残り佐平次』の、弁天小僧の忠信利平のセリフを調べてこい」と言われたり、「らくだの『かんかんのう』の歌詞をフルで知りたい」「あの俗曲のな、『両国風景』の歌詞の言い立て、教えてくれ」などという命令のような指示が下されたりしたもので、頻繁に国会図書館などに通ったものでした。

若いころの音源を文字起こしするものの、書籍化させるとなると、やはり大元のきちんとしたデータの裏づけがないと説得力がないものです。

国会図書館や、大学の先輩でもある、あの『圓生百席』のプロデューサーを務めた京須偕充さんにお知恵を拝借したりなんぞしたものでした。

いま考えると「ウォーキング・ディクショナリー（歩く辞書）」というような感じで、私の存在が許されていたような状況でもありました。

いやあ、「歩く辞書」などというほど格好がいいものではありませんね、「トラブルメーカー・ウィキペディア（トラブルを起こすウィキペディア）」みたいな感じだったのかもしれません。

とまれ、確実に入門当初よりは「使える前座」にはなっていたのでした。

狂気の気づかい

11

無茶振りでも「まず落ち着く」と対策が見えてくる

「やる奴はやる。やらない奴はやらねえんだよ」

「潜伏期間」理論

「やる奴はやる。やらない奴はやらねえんだよ」

これは談志のセリフですが、実は矢沢永吉さんのセリフでもあります。

ピン芸人のぜんじろうさんのネタで、「矢沢永吉マニアの1日」という1人コントがありました。永ちゃん推しの熱狂ファンが「やったあ、永ちゃんの横浜アリーナのビデオが手に入ったあ！」と喜んで再生すると、永ちゃんがしかめっ面でシャウトした場面で、同じように談志の高座でのしかめっ面がかぶり、「談志師匠やんけ!?　似てるけど違うやろ！」と、突っ込んで大爆笑という流れでした。

たしかによく似ています。

骨格が似通っているということは、反響装置が似ているということでもあり、結果声も似るものです。

そして、何より談志は一人称を「談志」と言い、永ちゃんも自らを「矢沢」と呼ぶあたりの「マニアが望むカリスマ像を演じている」点も同じではと確信しています。

そんな同じ骨格、声質、自らへの視線という積み重ねが価値観をもたらすものだとしたら、「やる奴はやる、やらねえ奴はやらねえ」という同じセリフが編み出されたとしても、まったく違和感はないでしょう。

「やる奴はやる。やらねえ奴はやらねえ」

よく談志から聞きました。

カリスマは孤高でした。

私が弟子としてお付き合いさせていただいた55歳から75歳までの20年間は、中年期後半から老年期という、体力的には「終盤期」に相当していました。人生の「片づけ期」とも言えましょう。

そんな季節、ちょうどいまのあのころの談志と同じ60歳手前の私の下に、当時の私のような鈍くさくて不器用な弟子が入るなんて、考えられません。精神的なストレスたるやものすごかったはずでしょう。

トップランナーとしての地位を固める段階でもあり、以前書いたように「才能の無駄遣い」というセリフを頻繁に用いていたその背景を鑑みると、やはり毎日が孤独との闘いだったのかもと推し量ります。

「価値観が合う奴としか話せない」とも言っていましたが、「やる奴はやる。やらねえ奴はやらねえ」は、「ひとり」を象徴するような言葉で、要するに「弟子も含めて、やるような奴としか付き合いたくはねえ」と訴えていたのではと、いまとなっては噛みしめるのみです。

いいも悪いも「潜伏期間」の結果

そしてさらに、そんな数多ある談志の言葉で、頻繁に言われた言葉があります。

それが「潜伏期間」理論です。

潜伏期間とは、ウィキペディアにて調べてみますと、「病原体に感染してから、体に症状が出るまでの期間、あるいは感染性を持つようになるまでの期間」と記されています。ちなみに例としては、「インフルエンザが1日から3日、風疹が2週間、結核が4～8週間」などと、病原体や個人の免疫力によって差があるとも記されていました。

かような医学用語を用いて、談志は当時の私を「脅して」いたのです。

わかりやすく解説すれば、こんな意味です。

「踊りや唄などの芸事は、今日やったからといって明日うまくなるようなものではない。稽古を積み重ねた先に、やっと身になってゆくものだ」と。

つまり、病原体に感染してはっきりとした症状になるまで時間がかかるのと同じように、芸事の鍛錬の「結果が表には出てこない期間」を指して「潜伏期間」と称したのです。

普通はここまでで、誰もが納得もできましょう。

ところが、談志の凄いのはここからでした。

談志曰く、「稽古などを積み重ねて芸を身につける」ことも「潜伏期間」ならば、それと同じように、「芸事に気合いを入れずに、何もしないでいること」も蓄積してゆけば、結果としてダメになるだけだ。それも「潜伏期間」なのだ――と。

つまり、いいことも悪いことも、その当人がすごした「潜伏期間」の結果にすぎない。ダメになる奴はダメになる稽古や蓄積をやっているんだ――と。

さらに敷衍させてみると、「よい結果を生むのも、悪い結末を迎えるのも、それはお前が選択したことなんだ」ということなのです。

目の前の出来事に対しては思いきり「快と不快」とを繰り出し、その「機嫌」に弟子たちは翻弄されてゆく日々、つまり短期決戦的毎日を送り続けてきましたが、落語や昇進基準の必須科目である踊りや唄や講釈に関する「長期的日々」については、ある意味ゆるかったのです。

以前申し上げた「すまねえようにしてやる」というセリフの具現化が「談笑の二つ目昇進」でした。つまり、そこで「脅迫」したのだから、こいつはわかっているはずで、この先は任せるぞというニュアンスだったのでしょう。

まして、何もできなかった私みたいな存在が、ここまで述べてきたようにひとまず「言われたことはやれる」という「日々の暮らしで談志を不快にさせない」状態にまではクリアできたのです。

自分の「成長」は大前提

が――そこで合格というわけでは決してなかったのです。

前の項で書きましたが、談志は「成長を是として」いました。

これはどういう意味かというと、今日までの自分に対する芸事などの出来（評価）を仮にAとするならば、たとえば半年後、談志を前に落語やらネタやら編み出したオリジナルのコンテンツには、「＋α」が加わっていないといけないということなのです。

「あいつは、前と同じこと言ってるな」とある表現者を評価したことがありましたが、談志とその人とのつながりは結果的にそこで終わりとなったものでした。

つまり、成長していない表現者が嫌いという意思表示そのもので、つまりは「談志との年月が常に加算されての評価対象」になるということなのです。

「談生が二つ目昇進で評価された内容とまったく同じコンテンツ」で評価してもらおうと思ってもダメなのです。

これが一見、談志の評価がブレているようにも誤解される点で、評価基準が年々ブラッシュアップされてゆく姿勢なればこそなのです。

実際、談志自身、若かりしころは歌い上げるような「野ざらし」で一世を風靡しました。「落語はリズムとメロディ」と言い切ったころの談志の落語は、熟練ギターソロのような風味がありました。あのころの大学の落語研究会の部員たちは、みんなこぞって「野ざらし」をやりまくっていたと聞きます。

その後、国会議員を経ることで喉がいい意味でつぶれ、ドスの利いた声を獲得し、「らくだ」や「ねずみ穴」での迫力に結びついてゆきました。古今東西の落語家が誰も手掛けなかった落語の定義づけを行ったのもそんなころ合いでしょう。

そして、体力の充実期から終盤に差し掛かり「落語はイリュージョン」という流れに至ります。

「初雪やタヌキが見てるクリスマス」に象徴されるような「つかみどころのない解析不可能なおかしみこそ人間の本質だ」と言い始め、最晩年は、「江戸の風がそこに吹いているか」という匂いを追い求めていました。

つまり、談志自身が「生生流転」も含めた「成長」を自らに課した苛烈極まる落語家人生を送っていたのですから、弟子をはじめ周囲にも「いつも成長し続けろよ」とメッセージを送るのは当然で、「談志に会うたびにアップデートした状態でいるところを見せる」というのが弟子の義務でもあったのです。

「二つ目昇進も近い……」と思っていたら

そして、あのころの私なのですが、いまとなっては言い訳がましくなってしまいますが、以前述べたように談笑に先を越された悔しさを忘れていたわけでもなく、自分なりに踊りと唄、そしてタップダンスやシナリオなど、本来の昇進基準とはほぼ関係ないものにまで手を広げて、毎日を費やしていました。

かっぽれの先生とは懇意になり、無料で教えてもらうようになりました。そしてそこでつながった安来節（いわゆる泥鰌すくい）も週1で習う日々でした。

タップについては、談志が価値観を同じと見込んだ著名人を練馬の自宅に招き、大好きな「J&Bのソーダ割り」を飲みながら、フレッド・アステアやニコラス・ブラザーズに涙を流していたとき、ふと後悔気味に「俺はタップはまっとうできなかったんだよな」と嘆いたセリフが起点でした。

「そっか、まてよ。師匠がまっとうできなかったタップで、俺が当時の師匠よりきちんとしたステップを踏めるようになったら、加点されるに違いない」

浅はかな私は、タップシューズとアクリル板との接点で刻まれていた軽やかな音色に、前座終了の桃源郷を見出そうとしていました。

くどいようですが、あのころは毎日これらの稽古とレッスンに明け暮れていました。

幸い、前座としての仕事も重宝がられ、コンビニのバイトなども週2回ぐらいはやってはいましたが、生活費を十分に賄えるほどの稼ぎにはなっていました。

「談志に怒られなくなってきた。二つ目昇進の時期も近いはず」

正直、充実していると感じていました。

ところが、ある日私は談志から、信じられない言葉をかけられたのでした。

狂気の気づかい

12

常に「成長している」自分を見せる

「二つ目になりたくないんだろ」

「評価される」とはどういうことか

小唄の教室やかっぽれの道場通いをベースに「唄と踊り」を徹底的に身につける一方、タップダンスやシナリオなど昇進基準とは関係ない分野にまで手を広げて暇な日々を埋める行為は、忙しくもあり、充実もしていました。

談志から細かい雑務で呼ばれることがなくなっていたことも、それを加速していました。

それでも、立場はあくまでも前座です。

談志の定例会には無論、下っ端としてはせ参じていました。

「昇進したいと思っているようには映らない」

ある日の都内の落語会の会場でした。

談志は久しぶりに私の顔を見たような感じで、

「お前、二つ目になりたくないいんだろ」

淡々と言い放ちました。

「……いえ、そんなことはありません」。精いっぱい強がって答えました。

談志には上記の稽古にいそしんでいることを直接伝えてはいませんでしたが、立川企画の松岡社長、それと談志の行きつけの浅草の洋食屋のMさんらから「私が必死なこと」は情報として入っているはずでした。

Mさんは昔ながらの小粋なお方でした。

芸に対する博学ぶりは談志も認めて頼りにしているところで、何より若手の芸人をかわいがるのが大好きなお方でした。

「宮田レコード」という談志好みの音曲の音源を多数取り扱っている店が浅草にあり、Mさんに「談志はこんな唄が好きだよ」などと教えてもらい、そこにCDを買いに行った帰りには馬道のMさんのお店で「ハヤシライス」をごちそうしてもらうのが日課みたいな感じでした。

Mさんはいわば、年の離れた大切な味方のような存在でした。

素材のトマトの酸味が旨味となった昔ながらのハヤシライスをいただきながら、私の現状と、それを解消するための日々の稽古の模様なども逐一伝える格好でした。

「よくやっているな。俺、今度談志に言っておくよ。ワコールの奴、目の色変えて稽古してるってさ」

「ありがとうございます」

とても心強い言葉でした。

そんな経緯があり、談志もMさんからの話を聞いているはずなのに、冒頭の言葉を食らうとは、正直心外でした。

「少なくとも俺にはお前が昇進したいと思っているようには映らない」ということなのでしょう。

評価は「自ら働きかけて」獲得する

恐怖の言葉は続きます。

「あのな、俺はお前が二つ目になろうとしていないのならば、その状況が快適なんだと判断するしかないんだ。お前にとって快適な状況を俺があえて変えてやるつもりはないんだ。そこまで俺はおせっかいじゃない」

とても談志らしい言い回しでした。

要するに、「二つ目になりたいのならば、俺が基準として挙げている唄と踊りが一定水準以上だということを見せるだけでいいんだ。もし、それらを見せないままならば、俺はお前が前座という地位や身分が好きなんだとしか思えない。お前が好きでその場所にいたいのなら、ずっとそこにいればいい。その代わり俺は二つ目と認めないだけだ」ということなのです。

つまり、「こちらから積極的に見せにかかり、談志の首を縦に振らせないかぎり一生前座だぞ」ということで、この姿勢が立川流を貫く談志イズムの本質とも言うべき概念なのです。

実際、談志からしてみれば孫弟子にあたる、志の輔師匠門下の晴の輔くんも志の輔師匠に「真打ちに昇進したい」旨を打ち明けた際、ただ一言「じゃあお前が、示せ」と返されただけだったそうです。

「昇進したいのならば、そのコンテンツを見せてみろ。その審判は俺が下す」

「自らアクティブに働きかけないと、一生そのまんまのランク」

これが、いまにも続く立川流の掟なのです。

これは協会という組織のバックアップのない中で芸人生活を送らなければならない立川流の真骨頂でもあり、「個を確立すること」こそが芸能界の荒波を乗り切る際のいちばんの指針なのだと談志が確信していたことの表れなのでしょう。

「努力は馬鹿に恵《あた》えた夢」

無論これらは私がいまになって振り返ってやっと分析できたことで、当時の私はただただ談志の言葉に翻弄されるのみでした。


そして談志は意味深な言葉を言いました。

「いろいろやっているみてえだが、お前はな、俺がこっちに来いと言うのに、なぜ向こうに行っちまうかな」

Mさんからの情報もきっちり談志には届いていたのでしょう。日々怠けることもなく、稽古とレッスンと講座に通っているいわゆる世間一般の「努力」は認めてはいたのでしょうが、ここでも談志一流の言葉「努力は馬鹿に恵《あた》えた夢」が重くのしかかります。

つまり、「俺の求める基準に達していなかったとしたら、どんな努力も無駄なのだ」という冷徹さは、「努力だけで認めるほど甘くない。俺を誰だと思ってるんだ」という怒りにも似た感情からの言葉でした。

つまり、あらゆる「温情」からの決別宣言だったのです。

「普通の、凡百の落語家ならお前を昇進させている。いや、させてやりたいという気持ちは正直俺にもある。でもな、いいか、俺がお前にしてやる最大の親切は、情けをかけないことだ」

さらに傷口に塩のような言葉は続いていました。

いまでも頭の中で何度も何度も共鳴し続けているような談志の名言です。

このとき私は「空間識失調」という専門用語をふと思い出しました。

これはそのころのシナリオの師匠とも言うべき、大学の落研の先輩である脚本家の高田純さんの講座で教わった言葉でした。

高田さんは「シナリオ」を書くにあたり大切なこととして、「自分でアクションを起こして情報を得ていけ」ということを信条にしていました。

１９９０年公開の『BEST GUY』という航空アクション映画の脚本を受け持つことになった高田さんでしたが、現場のパイロットへのインタビューに取り組んでいた際にぶつかったのが「空間識失調」という言葉だったとのことでした。

「空間識失調」とは、ウィキペディアによると「主に航空機のパイロットなどが飛行中、一時的に平衡感覚を失う状態のことを言う。健康体であるかどうかにかかわりなく発生し、高機動状態下で三半規管からの知覚と体感する平衡感覚のズレから機体の姿勢（傾き）や進行方向（昇降）の状態を把握できなくなる、つまり自身に対して地面が上なのか下なのか、機体が上昇しているのか下降しているのかわからなくなる、非常に危険な状態。しばしば航空事故の原因にもなる」という、つまりわかりやすく言えば、たとえば「背面飛行で長時間飛んでいると重力がかかり、三半規管のゆがみから自分では上昇しようと操縦桿を操作しているのだが、実際は地面に向かって行ってしまう」ような状況を指します。

『BEST GUY』はこの「空間識失調」によってもたらされた航空事故のエピソードを中心に話が展開してゆくことになるのですが、このとき私は談志の指摘から、高田さんから教わったばかりのこの言葉がもしかしたらいまの自分の状況に相違ないのかもなど、ふと思ったのでした。

あまりに過酷で長い前座は8年にもなり、自分では上昇しようといろいろな物事を積み重ねては試みているものの、そばから見れば実は落下の方向へ舵を切っているのではないか——。

いや、「二つ目になりたくないんだろ」と厳しくも表現した談志にはそうとしか見えてなかったのではないか——と。

ならば。

自分が曲がりなりにも「二つ目になろうとしている」のなら、その方向性をまずは示さないといけない、だとしたらどうすればアピールできるのだろう。

二つ目昇進トライアル落語会

さんざん考えた挙句、通常は真打ち昇進の際に談志に審判を仰ぐ形で開催される「トライアル落語会」の開催を思いついたのです。

談春兄さんも志らく兄さんも、「真打ち昇進トライアル」を開催し、満座の観客の面前で談志からの昇進のお墨付きをもらいました。

談志の絶賛と評価を照れくさそうに受ける2人の華々しい姿を、前座として舞台袖からまぶしく見つめていたものでした。

「そんなイベント、真打ちになるときのものだろ」

各方面から違和感が続出することは十分覚悟はしていました。

でも、「二つ目になりたくない」という私への偏見を払拭させたい思いのほうが、数段以上強くなってもいました。

後日、私は、「もうどんなに怒られてもいい」という決意を胸に、「二つ目昇進トライアル落語会」を開催する旨の報告と、談志のスケジュール調整のために根津の自宅に向かったのです。

ここで「なんでそんな会をやるんだ？　俺は出ない！」と言われても「土下座してでも談志のスケジュールを確保するんだ」との思いでいっぱいでした。

そんな思いが伝わったのでしょうか、談志の自宅のインターフォンを押し、玄関のドアを開けて、「二つ目昇進トライアル開催」への思いを伝えると、

「ほう、そうきたか。じゃあ、我慢して出てやる」

そっけないというより、しぶしぶ出演ＯＫの返事を何とかもらうことができたので

す。

入門以来の最大のイベントにしてやる！

私は心の中で誓いました。

狂気の気づかい

13

評価は「自ら働きかけて」獲得する

評価を獲得する

「合格点の気づかい」

3

「こんな会開くことはねえんだ」

「努力」は評価の対象外

第1章では「怒り」という出血からの「止血法」である謝罪を語ってみました。いわば「見習い」的作法でもあります。第2章が、「言われたことをやる」という意味で「マイナスからゼロ」までの回復策を練りました。

これでもまだ得点加点には至っていません。
あれだけやってもまだ「前座」レベルだったのです。
やり込んだはずなのに、ポイントは獲得されてはいないのです。
野球の試合で、いくら投手がゼロに抑えても、それでは勝てませんよね。

つまり第1章、第2章は野球で言うならば「守備」主体であります。

さあ、いよいよ「打撃編」、ここからどのように得点を重ねていったのか、お楽しみください。

トライアル準備

無論、前座修業は守備と攻撃とが野球のようにきっちりセパレートされているわけではありません。勝ったり負けたり、得点したり失点したりと、その場その場で臨機応変的に対応してゆくものですが、前座後半の段階では、まだまだ「失点過剰」状態でありました。

そこで起死回生の策として選択したのが「二つ目昇進トライアル」でした。

気がつけば、入門8年が経過していました。

こんな私にも彼女がいて、プライベートは充実していました。サラリーマン時代に知り合った女性です。このころは隔月で勉強会という名の落語ファンを増やすための会を定期開催していて、それに合わせて九州は久留米から上京していました。

「いつかは結婚しよう」みたいなことを「空手形」のように言っていた時期でもありました。

そんな自分の落語会の場所であった「お江戸日本橋亭」に談志を招く形で、トライアルを企画しました。

さて、演目はどうしようかといろいろ考えた挙句、落語として談志があんまりやらなかった「蛙茶番」と「妾馬」を選びました。「妾馬」はラストに八五郎が酔っぱらって都々逸を披露する場面があるので、それで唄を見てもらおうというつもりでした。

踊りについては「かっぽれ」と「奴さん」という二つ目昇進基準突破にふさわしい踊りを、そして、目玉として「タップ」を持ってきました。

当時自分にタップを教えてくれていた2人のタップの先生とトリオを組んでの展開を企画しました。

普段は落語や演芸をやる舞台に、タップボードを敷き詰めての大掛かりな設営となりましたが、2人の先生はとても良心的で快諾してくれました。

さらには、談志が死ぬほどの憧憬を持ち続けていたフレッド・アステアの名曲『ステッピン・アウト・ウィズ・マイ・ベイビー』をBGMに、談志の好きだった「タイムステップ」というステップをちりばめた趣向でした。

「兄さん、師匠の機嫌、最悪です」

落語、都々逸、かっぽれ、タップとその日に備えて、稽古を重ねる日々は、いま思うととても充実していました。

ただ、この日が近づくにつれて、談志の機嫌がすこぶる悪くなっていく感じがしました。

「大袈裟にやればいいってもんじゃねえんだ」

私にだけ、こうつぶやいたことがあります。

弟子が「昇進したいから見てくれ」という舞台について、「昇進を認めたい」気持ちと「この忙しい俺を二つ目レベルの昇進の会ごときに追い込むのか」という件の「才能の無駄遣い」をしてしまっているという諸々の気持ちを「持て余している」というような感覚だったのでしょう。

私は、そんなモヤモヤをそのトライアルで更地にしてやればいいんだという気持ちでいっぱいでした。

そして「そこで満座の観客の前で正々堂々のお墨付きをもらい、彼女に正式にプロポーズしよう」という絵も描いていました。

予想どおり、チケットは即完売となりました。

当日会場には、談志が評価していたザ・コンボイの今村ねずみさんと同郷上田の親友、ジュリこと瀬下尚人さん、そして上田市長らの姿も見えました。羽田孜元首相からの豪華な生花がまさに花を添えます。

もう頭の中には「二つ目昇進」の瞬間しかありませんでした。

師匠には当時前座の談号（のちに雷門幸福、改め現・登龍亭幸福）というソツのない弟子をつけ、「何かあったらすぐ電話するように」と指示していたのですが、なんだか嫌な胸騒ぎを覚えたところに楽屋に電話が入りました。

「兄さん、師匠の機嫌、最悪です」

「やっぱり」

「20分後に来いと言われたのでいま電話していますが、とまれ現状報告です」

案の定、談志は不機嫌丸出しで、かといってその不機嫌さを悟らせないような表情で楽屋に入りました。

「要するに、俺が（二つ目昇進基準を）、満たしているかどうか見りゃいいだけだろ」

「はい」

「だったら、こんな会開くことはねえんだ」

私は、ここまでは想定内のセリフでしたので、「師匠、客席最後部に席を取っていますのでそちらで見てください」

きっぱり言い切ると、

「お、こいつが俺にそんなに命令っぽいこと言うようになったか」と、意外そうな表情になりました。

開幕

番組は流れます。前座の談号の後、私の「蛙茶番」、そして「かっぽれ」と「奴さん」に入ります。談志は腕組みしながらも何となくリズムを取るような雰囲気になっていきました。

私がタップ用の衣装に着替える間は、タップの先生2人による模範演技でつないでもらい、満を持してアステアの例の曲がかかります。

いつぞや談志から、「今日、ＷＯＷＯＷで『イースター・パレード』やるから録画しておいてくれ」と頼まれた、名画のテーマソングのような歌です。

軽やかに、覚えたステップがずれないように必死に踊ります。

正直、師匠の顔の表情は確かめることはできませんでしたが、ねずみさんとジュリさんの掛け声で会場はヒートアップします。

ボクシングにおける「ホームタウンディシジョン」という感じでしょうか。情実や八百長ではなく、会場のお客さん全体が、「その瞬間」を待ち望む空気感がみなぎります。

ほぼ間違いなくステップを踏み終え、ブレイクを決めた途端に大きな拍手に包まれました。

談志もいつの間にやら腕組みはしていませんでした。

楽屋に戻ると、談志は2人のタップの先生の労はねぎらいましたが、私とは目を合わせようともしません。

「最後の『妾馬』に賭けるしかない」

心の中でつぶやき、中入り後の落語に一縷の望みを託します。

舞台の幕が開き、高座に上がる私の目の前には、完全にサポーターと化した観衆がいます。一挙手一投足に笑いを起こす装置みたいな感じでした。ただ談志は相変わらず、目を閉じ、腕組みのままです。

この落語は三遊亭鳳楽師匠からみっちり稽古をつけていただいたネタで、何度も繰り返していますので身体の中には入っています。

オチが近づきます。

ここで、やはり、かっぽれ、奴さん、タップと短時間に舞った肉体的な疲れと、精神的な苦痛が襲ったところに緊張感がかぶさり、少しずれてしまったのです。

ただ、何とか大崩れすることなく、リカバリーさせて、オチを言い切りました。

失格

深々頭を下げる私に、談志が近づいてきました。

会場の誰もが談志の口からの「ゴーサイン」の言葉を見守ろうと固唾を呑んでいました。

おもむろに観客席から高座に上がり、私の隣であぐらをかきました。

「うー……」

とても間がありました。

「努力は認めてやる。ただ、努力だけだ」

そして、その場で「講釈やってみろ」と、昇進基準でもある「講釈」を切り出しました。

実はここでも私はそう来るだろうと予想していたので、「隠し玉」を用意していました。

「二度目の清書」という名作でした。

「待て、『二度目の清書』は真打ちが語る修羅場だ。まあいいや、続けな」

放心状態に近い中語り始めると、途中で止められました。

「まあいい、わかった。まだまだだな。以上。本日はこんな奴のためにご来場いただきありがとうございました」

談志は頭に巻いていたバンダナを取ると、深々とお辞儀をしました。それに合わせて残念な気持ちを包み込むかのように拍手が起きました。

終わりました。

「二つ目昇進トライアル」は、強制終了のような形で幕が閉じられてしまったのでした。

それまでの積み重ねの集大成のつもりで企画し、敢行した大イベントは完全に水泡に帰しました。

「もはや、これまで」

それは加点から追加点への目論見どころか、またマイナスへの逆戻りを意味していました。

狂気の気づかい

14

「努力」だけでは評価はもらえない

「あそこでゴーサインを出さなかったところが俺の凄さだ」

自分の「分際」

「二つ目昇進トライアル」は完全に失敗に終わりました。

昇進決定を祝うべきその日の打ち上げも、残念会となりました。久留米から来てくれた彼女にも面目まるつぶれで、ご来場いただいたお客様から慰められるような形で、飲んでもまったく酔えません。

いや、それより、その翌日は前座として談志に挨拶に行かねばならないので、そもそも落ち着いて飲んでなんかいられません。

「必ずリベンジします」と精いっぱい強がってのお開きになりました。

挨拶

翌日談志は、練馬にいました。

「誰か1人だけ来てくれ」と言われて、当然私がうかがうことになりました。

玄関のドアを開け、私が1人だけ入ってゆくと、いくぶん気難しそうに招き入れました。

「台所、片づけてくれ」

手持ち無沙汰に指示を出しました。当然、目も合わせてくれません。

食器などを洗っていると、そばに来て眼鏡を外し、おもむろに切り出しました。

「あのな、努力だけは認めてやると言ったのは、そこしか認めるところがないってことだからな、勘違いするな」

「すみません」

この謝罪めいたリアクションがかえって機嫌を損ねたのでしょうか、続けざまに言いました。

「あの、アステアの名曲をあんな風にしやがって。俺の青春を、ある意味お前は奪ったんだ」

「はい」

「わかってるならいいが」

私の落ち込みに対してすまなさを覚えた部分もあったのでしょう。

「いいか、あそこでお前を昇進させなかったところに俺の本当の凄さがあるんだ。いつかきっとわかるときがくる。こなきゃ、うそだ」

独りごちるような言い方でした。


いちばんはタップや「三方ヶ原軍記」をやらず、かわりに「二度目の清書」をやったことが評価されなかったのでしょうが、それよりあんな格好で師匠を追い詰めてしまったことへの怒りでした。

談志にしてみれば、「あそこまでやった弟子を否定するなんておかしい」という声も入ったはずです。実際そんな空気は打ち上げ会場には満ち溢れていました。

そんな同情の酒に浸り、その勢いに任せて自分の悪口で盛り上がっていたはずの弟子が目の前にいるのですから、積み上げてきたものを差っ引いても受忍しがたいはずです。

「とまれ、まだまだだ。もういっぺんやり直せ」

「はい。ありがとうございました」

私もこのセリフを言うのが精いっぱいでした。

人生リセット

投げる球はすべて投げてみました。

凶と出るか吉と出るかはまったくわかりません。

考えてみたら、落語自体がそのような環境で昔から醸成され続けてきたものです。

１００パーセント受けるネタなんてありません。いや、どんなに名手でも逸れることすらあります。そのあたりの「切り替え」がうまい人しか残れない過酷な世界なのかもしれません。

実際、私よりはるかに口跡もよかったはずの弟弟子で、談志からキツい小言を浴びただけでやめてしまった弟弟子もいました。

また出直しとなった感じで、「かっぽれ」「タップ」の稽古は継続させてゆこうと決めました。新たに再度「三方ヶ原軍記」を談志の口演テープに頼るように聞き込むことを自らに課しました。

そして、いずれも「発声」がネックだと悟り、コンボイのジュリさんも通うボイストレーナーの下に足しげく通うようになりました。

西洋音階が基本のボイストレーナーの先生でしたが、一発で私の不備を見抜き、「都々逸とか小唄とかの世界はよくわからないけど、談志師匠の言っていることは響きますよ」との頼もしい言葉に、信頼を寄せるようになりました。

また再び、入門間近な新弟子たちが談志の下で日々の雑務をこなし、そこで空いた時間に稽古と仕事に行かせてもらう日々が再開しました。

このころの日記には「人生リセット」と書かれていました。

他団体では、自分より遅くに入門したにもかかわらず、自分より先に二つ目に昇進してゆく後輩たちが増えてゆきました。

大学の先輩などは露骨に「まだ前座なのかよ」とバカにしてくる人たちもいました。悔しさと切なさより、自分に対する不甲斐なさのほうが勝り、何とか精神のバランスを取るのに必死でした。

「ビデオを探せ、さもなくばクビだ」

そんな「いまに見ていろ」と誰にも向けられない言葉を自分に向けて発し、耐え忍ぶような日々を送る中、ある日、談志についている弟弟子から信じられないような留守番電話が入っていました。

その日は、山梨県のとある神社主催の「伊勢神宮参拝バスツアー」というお仕事をいただいていました。

景気の悪くなってしまったいまは壊滅状態ですが、そのころはバスや屋形船での「座持ち」として、若手落語家は重宝がられていました。

バスの中の退屈な時間を、スケッチブックを持って俗に言う「字遊び」で乗客を楽しませ、到着したホテルでは宴会の前に一席やるご趣向です。

「魚ことば」と題して「魚ヘンに♡」と書いて「鯉」と読ませたり、逆に「鯉!」といち早く答える客には「残念、キスでした」などとやりすごすという、半分は客いじりの作法でもありました。

携帯電話がいまほど流通していなかったあのころは、前座として、随時公衆電話から自宅の留守電を聞きながら動いていました。その日は伊勢神宮手前のドライインから自宅の留守電を確認すると、弟弟子の談々から入っていました。

「兄さん、師匠が激怒しています。『アメリカの○○という名前の腹話術師のビデオを、ワコールと志加吾に俺が帰ってくるまでに探させろ。じゃなきゃクビだと伝えろ』とのことです」

談志の前でもいっさい動じた姿を見せないほどの落ち着きが持ち前の談々が、いくぶん焦っているほどの口調でした。

折り返し談々に電話を入れ、あらためて状況把握に努めたところ、やはり私のあの「トライアル」以来、私への名指し批判がものすごかったとのことでした。「あんなマネしやがって」と弟弟子たちには言い募っていたそうです（これを直接私に言わないのが、談志でした）。

とにかく、翌々日談志は仙台から戻ってくるとのことでしたので、私は件のバスツアー主催の宮司さんに説明し、「クビがかかっている」という一点で理解してもらい、伊勢市のホテルでの落語会を終えた後、たまたま予約が叶った深夜バスで都内に戻ることにしました。

「前座の分際で」

私と同じく名指し批判の渦中にあったのが、志加吾でした。

彼は、前座の分際でありながら、漫画家としての才覚を発揮し、当時講談社『モーニング』で『風とマンダラ』という作品でレギュラー連載を持っていました。

彼にも電話を入れると、「兄さん、どうしましょう」と半分泣きべそ状態でありました。

「いいよ、もう仕方ないよ。探すしかない。明日朝いちばんで都内に戻るから、一緒に練馬で探そうよ」

彼もある意味「掟破り」でした。

「前座の分際」で真打ちになるべきランクの落語家が挑む「トライアル」を敢行した私と、やはり「前座の分際」で自由に表に出て行くような落語以外の仕事をやっている彼に対するまとめての「怒り」でした。

理不尽な怒りでしたが、談志に言わせれば「怒りはそもそも理不尽なものだ」と言い切るはずでしょう。

彼と待ち合わせて、とにかく件のビデオを探すしかありません。

「どうしましょう、兄さん」

「いや、探すしかないよ」

談志は映像マニアで、1000本以上のVHSが在庫としてありました。

「師匠が探せと言っているってことはさ、ないものを出せってことはあり得ないよ。きっとどこかで観たのを思い出して、それが俺たちへの怒りと結びついただけだよ」

と彼を励ましながら、ひたすら書斎の奥の棚を洗いざらい調べまくりましたが、一向にその行方はわかりません。

「そんな腹話術のビデオのタイトルすらありませんよ」

「まずいな」

こんなことでクビになるなんて誰にも言えません。

追い詰められて探しながら、談志に対する「怒り」が芽生えてきました。

『芸の上でのしくじりなら甘んじて受けるけど、こんな形でのクビなんてあるかよ!?』

『ふざけんな、どこまで俺たちをもてあそぶんだよ!!』

爆発寸前の手前でした。

そんなとき、彼が一言思いついたように言い放ちました。

「兄さん、もしかしたら、ビデオケースの表書きのタイトルと中身、間違ってるかもしれませんよ！　師匠酔っぱらってテキトーに入れていたことがありました」

「なぜ、それ早く言わねえんだよ」

「いや、いま思い出しました」

慌てて調べ直すと、やはり彼の思っていたとおりで、直近に観た『民衆の敵』という映画と、目指すべき「腹話術師のビデオ」とがテレコになっていたのです。

彼のファインプレーで、窮地が救われた格好でした。

2人で抱き合い、そろって根津の自宅に談志を出迎えに挨拶に行きました。

『これでクビから解放される』

『まだ怒られていたほうがいい』

待ち構えている2人の前に談志が現れました。

すると、当の本人は「あれ、お前たち、いったいどうしたんだ」というような顔色を浮かべ、クビがかかったはずのビデオを手渡すと、「ありがとな」とそっけなく受け取っただけでした。

拍子抜けもいいところでした。

いま振り返ると、あのころの談志は初期の食道ガンが発覚したあたりから、ナーバスな時期でもあったものと推察されます。

衰えゆく体力となかなか育たない私のような弟子などで、おそらく感情も揺り動かされ、ましてそばにいたのが談志の気持ちをいち早く察知できるできのいい談々という環境から、ついほとばしってしまった澱のようなセリフだったのでしょう。

ただ、このころから、談志の繊細さにますます振り回されることになってゆくのでした。

狂気の気づかい 15

自分の「分際」を見極め、そのとおりに行動する

「アル中を見習え」

気持ちを行動で示す

前項で談志が澱のようにつぶやいた言葉は、結局何事もなかったかのようにいつの間にか消え去っていました。

「師匠も年を取ったのかもな、言ったことをもう忘れている」

前座の間では、そんな言葉が出始めていました。

振り返ると、師匠もたしかに還暦を優に超え、60代も半ばに差し掛かろうとしていました。

インタビューがあるごとに、「俺もあと10年もたねえ」などと自嘲気味に言っていたものです。

前言撤回は日常茶飯事となりつつありました。

直近の「アメリカの腹話術師のビデオ」では、「怒り」すら忘れるようになった印象を持ち、「このままいけば、しくじりはみんな忘れてくれるのかも」などと楽観視すらしていました。

もしそのとおりなら、前座としてはむしろありがたいのではとすら察していました。汗顔の至りですが、ほんとどこまでも甘い考えでありました。

そんな甘さを見透かすように、迫りくる老いへの恐怖からか、逆にかつては見過ごしていたはずの出来事にまでチェックを入れるようになっていたのでした。

そう、談志はますます細かくなっていったのです。

「石原都知事主宰小唄の会における前座未参加事件」

その象徴たるしくじりこそが、「石原都知事主宰小唄の会における前座未参加事件」でした。

石原慎太郎さんと談志とは、まさに「肝胆相照らす仲」そのものでした。出会いは10代のころとのことで、お互いジャンルの違いこそあれ天才同士、孤独同士の傷口をなめ合うような間柄でもありました。

雑誌『正論』の対談では、「あんたよりバカな奴が総理大臣になっている現状は悔しくはねえのかい」と談志がブラフをかますと、「そりゃ、あんたよりへたくそな落語家が売れているのは面白くないのと一緒だよ」と言い返しもしました。

さらに「お前なんか家元には似合わないよ。一匹オオカミなんだから」とかぶせると「うるせえ、お前だって新党新党っていつつくるんだよ」と、まるでガキ同士のケンカそのものでした。

いつぞや、MXテレビで「石原都知事が高校生とトークショー」なる番組をやっていて、練馬で私は談志と観ていました。

賢そうな高校生が、石原さんに向かって「月並みな質問ですが」と言って質問をしようとしたときに、石原さんはこう言いました。

「君ね、月並みな質問ならするなよな。こっちは時間を無駄にしたくないんだ」

談志がすかさず言いました。

「観たか、いまの。これだ、これが石原の凄さだ。政治家なんかバカばっかりだから石原には勝てっこない」

そしてその理屈が、生理感覚がとてもフィットしていたのでしょう、後年まで石原さんは「保守系国会議員」としての談志のポテンシャルをずっと評価してもいました。

そんな石原さんが主宰する小唄の会がありました。

そのころはもう何度も言っているように、師匠のそばで直につくこともなく、逆についていたりすると「お前は来なくていい、稽古にでも行け」と言われるような日々でもありましたので、ずっと顔を出さない日々が続いていました。

いちばん下についていた談吉（現・立川小談志）が「鞄持ち」としてずっと師匠のそばにいるから大丈夫だろうという、甘えというか安心感が、どこかで談志にも伝わっていたのでしょう。

談吉からの「○○に石原都知事主宰の小唄の会があります」という留守電でのインフォメーションにも鈍感なままでした。

結局、その日は談吉1人だけ、師匠番として同行していました。

全員クビ

彼から、緊迫感しかない留守電が入っていました。

「師匠は怒っています。前座全員クビとのことです」

端的すぎるメッセージでした。

またもや一大事でした。

とまれ前座全員で集まって、差し当たっての怒りを解除してもらうよう詰めてゆくしかありません。

双六で言うならば、完全に「振り出しに戻る」という感じでしょうか。

やっと失地回復が叶い、地道に加点してゆき、「もうそろそろ二つ目だ」というところまでこぎつけたところでした。

そして、前項で述べたように「アメリカの腹話術師のビデオ」も志加吾とのコンビネーションでアクロバティックに見つけ出し、ミラクルのようにリカバリーした矢先でもありました。明らかに私は慢心していたのです。

いや、いまあらためてあのころを反芻してみますと、談志も「あと10年」と自らにタイムリミットを課したような日々を送っていました。

そうなると身辺整理の必要にも駆られるはずで、「弟子も作品」なのだとしたら、その在庫処分に苦悩していたはずでしょう。

私も含めて、不良債権にしか見えなかったのではないかと察します。

「アル中を見習え」

キウイ兄さんを筆頭に謝罪のため根津にまで出向いたときは、談志が群馬での独演会の当日でした。

前座としての存在が許されたのは件の談吉のみでした。彼が練馬から着物を持参して東武浅草駅に向かう手はずになっています。

談吉以外の他の前座はスーツ姿で謝罪に向かいました（謝罪の際にはスーツ姿というのは、しばらく前から慣例化していました）。

そのころの前座はキウイ兄さん、私、國志舘（現・三遊亭全楽）、談々、志っ平（後に柳家小蝠。2018年1月死去）、志加吾（後に登龍亭獅篭）、小談林（後のマグナム小林）、談修、談号（後に登龍亭幸福）、談吉という面々でした。

実に10人もの前座が身辺の周囲でうろうろしているのです。ただでさえ鬱陶しいはずのところへ持ってきて、二つ目になろうとしない（いや二つ目になろうとはしているのですが、師匠にはそうは映っていない）のですから、ストレスの元凶でもあったに違いありません。

居並ぶ前座に、談志はこう言いました。

「俺と石原との仲を知らないとは言わせない。そんな石原が主宰する小唄の会だぞ。談吉1人しか来ないというのはどういうことだ。俺が来るなと言ってもこっそり来るのが俺の弟子ってもんだろ」

一同で平謝りするしかありません。

これも談志一流の言い回しでした。

「お前ら、アル中を見習えよ。あいつらは医者に飲むなと言われても飲もうとするだろ。俺がお前たちに『落語は禁止だ』と言ってても陰に隠れてこっそり聴くのが落語家だ」などとはよく言っていたものでした。

迂闊すぎました。怒りはもっともです。


とまれ、「帰ってくれ。ついてこなくていい」と言われても食い下がって浅草までついてゆくしかありません。

談志は無言で根津を出ました。

手荷物を持とうとしますが、「放っておいてくれ」と静かに言い放つのみです。

いま考えると、1人の60すぎの老人に近い人間の後を10人もの若者がぞろぞろついてゆく光景は、どう見ても異様そのものでした。

すれ違う人々は新興宗教の団体でも見るような目つきを投げかけます。

とうとう、浅草まで来てしまいました。

私は、乗車券を買い、浅草の東武線の特急の車中にまで食い下がるようにして、許しを請いに向かいました。

「迂闊でした。お許しください！」

必死に謝ります。

取り付く島もないほど、談志は無言を決め込んでいました。

発車ベルが鳴ります。

「消えてくれ」

消え入るような声でした。

真の深い怒りの深淵に響くような声でした。

「バカ野郎、だからてめえはダメなんだ、一生前座でいろ！」

みたいな声を期待していたので、そのリアクションは心底恐ろしく感じてしまいました。

談志と一緒の列車に乗って遠ざかってゆく新入りの前座を、あれほど羨ましく思ったことは後にも先にもこれっきりでした。

3週間の謝罪

その後、「とにかくしつこいくらい謝罪に行こう」と前座が大挙して行くしかないと思い、嫌がらせのように付きまとう日々が続きました。

談吉から談志の居場所を聞き出しては、ずっと前座みんなでストーカーのように付きまといました。

その間おおよそ3週間——。

談吉から「師匠は我慢してやると言っています」という言葉がやっと留守電に入っていたときには、まさに飛び上がるほどの喜びだったものです。

あのビデオの一件から、一難去ってまた一難。

やっと嵐が過ぎ去って、ここから修業し直せるなあと思ったものです。

「もうしつこいくらいに師匠のそばに行こう。やっぱり俺はまだ前座なんだから」

あらためて決意しました。
が――。
本当の地獄は、実はここから始まっていたのでした。

狂気の気づかい

16 初心忘るるべからず

「俺に対する侮辱だ」

「甘え」はすべてを台無しにする

立川流が組織や団体として機能していたとしたら、年数だけでの昇進だったはずです。すべて年功序列での昇進決定なら波風も立たず、会社のように円満にすべてが進行していったはずです。

それを見事に覆したのが談生でした。

いや、談志はそもそも、そのような旧態依然とした組織にまつわる空気感が嫌で自分を追い込み、立川流を創立したとも言えましょう。

なのに、長年前座で談志のそばについていた私はどこかで「師匠はきっと昇進させてくれるはずだ」との甘えに陥ってしまっていて、その匂いを人一倍センシティブな談志は嗅ぎ取っていたのです。

それが「石原都知事主宰の小唄の会における前座未参加」によって露呈した格好でした。

何とか首の皮一枚つながった私でしたが、これで終わりではなかったのです。


すべてのしくじりの大基準は「俺の弟子ならばそんなことはしない」という価値観の絶対共有でした。

「もう絶対機嫌を損ねまい」との思いで、しばらくは師匠が落語の仕事やら長期のプライベートの旅などに出かけるときには、こぞって見送りに出向く日々になりました。

やはり、直接顔色をうかがうことの大切さを身に染みて感じたのです。

怒りの発露の際、その現場にいなかったことで騒ぎは大きくなるものです。直接形だけでも頭を下げておくだけで、最悪の事態は免れたりするものです。

「上納金未納」発覚

それは、談志がプライベートで海外に出向く朝でした。

根津の自宅からほど近い京成スカイライナーの上野駅まで、我々は見送りに来ていました。

私の姿が視界に入るや否や、いっきに機嫌が悪化するのが遠くからでも見て取れました。

居並ぶ前座に向かって、談志は言い放ちました。

「お前ら、やっぱりみんなクビだ」

一同、青ざめるしかありません。

「なんで、上納金を収めねえんだ、決まりだろ。俺に対する侮辱だ」

やはりここでも「俺の弟子ならそんなことをするわけがない」に抵触していたのです。

「上納金」というキーワードが苦い思いとともによみがえってきました。

実は、この2カ月ほど前から、私はカミさんと2人で川越で暮らし始めていました。

以前にも話したように、九州は久留米出身の彼女で、久留米に本社のある某メーカーで勤務していたのですが、たまたま埼玉の坂戸工場で欠員が出た際、「だったら、私がそこで働けば、中間地点の川越あたりで暮らせるかも」という流れになりました。

そこでダメ元でワンマン社長に打診したところ、「ノウハウを知っている人のほうがありがたい」という渡りに船のような形になり、転勤が決まったのでした。

年齢も私より1歳年下だったので、今後出産なども考えると結婚するならいましかないという思いが強まり、川越のアパートでの生活を始めたところでした。

元ワコールの同僚でもあり、経理関係にも目端の利いた彼女でしたが、いつも事あるごとに「上納金」のチェックをしていたものでした。

「上納金、払っているの？」

「ああ、あれね、あるとき払いの催促なしだよ。まとまった金が入ったらいつも事務所に払っているから」

「談志師匠、大丈夫かなあ……」

彼女の不安をよそに毎月2万円を払うべきところ、私は半年ほど溜めてしまっていたのでした。

最前の談志の言葉に戻ります。

「お前はまだ半年ぐらいだったけどな、こいつなんか呆れ返った。入門以来払っていねえんだ」

そばにいた談々を指さしました。

普段はマネージャー然として振る舞うほどの自信に満ち溢れていたはずの彼は、談志のこの言葉に隠れるように小さくなっていました。

「傷が浅いといったって、半年払わねえバカがあるか!?」

矛先はまた私に向けられます。

「申し訳ありません……」

カミさんの想像していた恐怖感が増幅しました。

「事務所からの書類見て、唖然とした。俺への背信行為だ。俺への冒涜だ」

固唾を呑んで見守ると、

「追って沙汰を下す。残額支払うだけじゃすまねえからな。3倍にする。払えねえ奴はクビだ」

あの前座初期の「冷蔵庫事件」以来、久しぶりに聞いたセリフでした。

談志の怒りは静かになればなるほど、緊急事態を意味していたのです。

36万円一括払い

帰宅後、仕事帰りで疲れていたはずのカミさんに、昼間の顛末を伝えました。

「ほうら、やっぱり私の思ったとおりになった」

「いや、事務所も悪いよ。きちんと毎月支払うようにけしかけるべきだよ」

「あなたの悪い癖。いつも人のせいにする」

「いつもじゃねえし……」

彼女は私の言葉を遮りました。

「で、半年でいくらだっけ？」

「月2万だから、12万。その3倍だから」

「36万円ね。もうしょうがないなあ」

軽く私をにらみつけ、彼女はタンスの引き出しから36万円を出してきました。

「いいのかよ」

「仕方ないもん、ここで落語家やめられたら私もおしまいだし」

「……ありがとう」

彼女に手を合わせ、私は師匠の帰国後、すぐに根津に持参しました。

結局、未納金の3倍を即座に払ったのは、カミさんのいた私と漫画家としてのレギュラーで稼いでいた志加吾だけでした。

あのころ、一門の先輩にしみじみ言われたものでした。

「あんちゃんたちは、その上納金システムを承知で入門したんだろ。俺たちのときは途中からだよ」

明らかに談志に対しての「甘え」で、その甘えが積み重なった結果が今回の一件につながったのです。

負債を抱えてしまった談々は、あれほど談志に重宝がられていたにもかかわらず、一門を去ることになりました。その後、國志舘は円楽党に、志っ平は落語芸術協会の文治師匠門下へと、それぞれ分かれてゆくことになりました。

小談林も煽りを食らう形で一門から離れましたが、あれからバイオリン漫談を磨き、独自のスタイルで「マグナム小林」という芸名で落語芸術協会に所属し、ピン芸人として現在に至っています。

愚痴の日々

またしても、私は運よく立川流に残ることができました。

どこまでもついているとしか思えません。

「ダメになりかけると、必ず誰かが助けてくれる」ような綱渡りの毎日でしたが、あのころはいま思うと、完全にカミさんのヒモ状態でした。

家賃8万のアパートは、学生時代から仲がよかった女性のお父さんが不動産屋ということで、うまい具合に手配できた格安物件でした。駅からも近く、2人で暮らす分には十分の広さと快適さを確保できていましたし、大家さんが農家でもあり、月末に家賃を持参するとたくさんの野菜まで寄越してくださいました。

振り返れば、前座とはいいつつも、故郷の上田での定例勉強会をはじめ、引っ越した際に厄介になった電気屋さんの知り合いに「講師派遣業者」の人がいて「前座ですから安くてかまいませんから」という感じで、仕事もそこそこ入ってきていました。

つまり、完全なるヒモではなく、プライドを傷つけない程度の収入には恵まれていたのです。

そして、心の中のどこかで、「もうあれほどの台風が来たのだから、もうしばらくは穏やかにすごせるだろう」という、体たらくな匂いが再び出始めていたのかもしれません。

長期にわたっての前座期間で身にまとってしまった悪臭かもしれません。

そしてたちの悪いことに、そんな環境を言い訳にするロジックまでも身についていたのです。

『どう頑張っても師匠は二つ目にはしてくれない』

そんなじめっとした空気に辟易して、耐えられなかったのが、カミさんでした。

そのころは、私が家にいて仕事帰りのカミさんを待つときなどは、私が夕食をこしらえていたものでした。

今日もカミさん相手に愚痴の連続です。

「師匠はきっとさ、タップまでやった弟子なんか評価してくれるわけねえんだよ、当分前座だよ俺はどうせ」

イラつきを発泡酒で埋める日々に、完全に嫌気がさしたのでしょう。

カミさんしかそんな愚痴の聞き役はいませんでした。

「もうやめて！」

涙声でした。

「……ごめん」

気圧された私でした。

「仕事から帰ってくるたび、ずっと愚痴じゃないあなた！　聞かされる私の身にもなってよ」

「……じゃあ、どうすればいいんだよ！　俺だって遊んでいるわけじゃねえ！」

私もやり場のない怒りの処理に困り果てていました。

そして彼女は、言いました。

「やっぱり、談志師匠のところに挨拶に行こう。結婚したことは伝えよう」

「いや、行けば怒られるに決まっているって」

「怒られてもいい。あなたが変わるしかない」

カミさんの覚悟

実は、前座の分際での結婚はご法度でした。談志の前ではプライベートをいっさい控えるというのがこの世界の掟でした。

「お前らがどこで何しようが俺は知ったことじゃない」

とはよく言っていたものです。

彼女からしてみたら、そこで私がさらに追い込まれることで、二つ目にも近づくかもしれない、怒鳴りながらも談志師匠なら、この不器用な弟子にアドバイスやヒントを送ってくれるかもしれない……暴挙とも言うべきことに、一縷の望みをかけたのでしょう。

「前座のうちから結婚するなんて、あり得ない」

「あら、二つ目昇進トライアルだって、前座の立場を超越したことだってあなた威張っていたじゃない」

「威張っていたわけじゃないよ」

覚悟の決まった彼女からしてみれば、私などは腹が据わってないだらしない男にしか見えなかったのかもしれません。

「今度の日曜日、根津の師匠の家に行こう。逆に、結婚していたと後で知ったとしたら『なぜ俺に知らせなかったんだ』と気分を悪くするに決まっている。だったら怒られたほうがまだいい」

どこまでも圧倒的な正論を述べる彼女の前に、私はただおろおろするばかりでした。

「確実にまた怒られる」

恐怖感しかありませんでした。

狂気の気づかい

17

お金の約束は絶対に守る

「前座の分際で結婚するとは。身分を弁えろ」

わざと怒られて退路を断つ

　ここで「上納金」について説明させていただきます。立川流特有のシステムでして、落語界すべてで取り入れられているわけではありません。

　談志がとある組織の方から「師匠、弟子からカネ取ったほうがいいよ」と言われて始めたなどと言われてはいますが、談志亡きいま、その真意も由来もよくわからないのが現状であります。

　要するに「あえてカネを取ったほうが、弟子たちはより社会に出て行かざるを得ない環境になるだろう」という談志特有の「おせっかい」から確立されたものであります。

前座、二つ目で月2万円、真打ちで4万円、トータル300万円で完済という形でしたが、弟子側から見れば「立川」という看板使用料のような感じでもありました。日舞や生け花などの家元制を引き合いに出して、「あの世界に比べたら良心的だろう」とはよく談志本人も言っていたものです。

誤解されやすいのが、「カネさえ払えば昇進できるのか」という点でした。ま、それが大きな間違いであることは、ここまでお読みの方ならおわかりいただけるはずでしょう。

結婚報告へ

とまれ、未納分×3倍の36万円をカミさんに何とか工面してもらうことで切り抜けた私は、カミさんにますます頭が上がらなくなった格好でした。

彼女にしてみれば、そこまで一蓮托生、運命共同体としての寄り添い方をしているのに、師匠にも紹介されない「日陰の女」は嫌だという気持ちでいっぱいだったのでしょう。

私としては、談志を必要以上に刺激したくないというのが率直な気持ちでした。いざというときの女性の腹のくくり方には、末恐ろしいものがあります。その具体例が出産でしょうか。

気乗りしないまま、運命の日曜日を迎えることになりました。

談志の機嫌を少しでも良くしようと、まず伊勢丹で高級メロンを購入しました（無論カミさんの金です）。

100パーセントしくじるのは目に見えています。

メロンの重みは、爆弾にしか感じられませんでした。

談志の怒りという爆発がマックスならば、伊勢丹からの根津までの道のりはまさにその導火線でした。

「お前らがどこで何しようが俺には知ったことじゃない」とはよく言われていた言葉ですが、まさに「二つ目昇進トライアル」同様、前代未聞のことを伝えに行こうとしているのです。

弟子入りする前から所帯を持っているケースはたしかにありましたが、それとて、きっちり二つ目昇進ということをきっかけにしてあらためて師匠に紹介するパターンが通例でありました。

完全なる激怒案件であります。

「俺が明示した二つ目昇進の基準を満たそうともしないで、プライベートの最たる姿を見せに来るとは何事だ」

「俺にはそもそもプライベートは見せるなと言っているはずだろ」

「結婚なんてうつつを抜かしているからお前はダメなんだ」

「10年近く俺のそばにいて、俺が何で不愉快になるかわからねえのか」

「そんなことより早く二つ目になれ」

ありとあらゆる罵詈雑言と小言を想定しながら、談志宅へと向かいます。


カミさんはというと、そんなおどおどしている私に比べて平然としています。

私には違和感しかありませんでした。

「なんでそんなに落ち着いていられるの？」

私が素朴な疑問をぶつけると、彼女は、

「だって、結婚という大事なことならば、会社だったら上司にはきちんと報告するのが当たり前でしょ」

「それは一般の社会だろ」

「あら、じゃあ、落語界と一般の社会ってどう違うの？　その延長じゃないかしら」

彼女は談志の怖さをまったく知らないのです。

10年近くにわたって私の人生に屹立し続ける巨人の恐ろしさに対して、無垢すぎました。

そんな私を見透かして、

「ほら、深呼吸、深呼吸」

完全に手のひらで転がされていました。

根津までの道のりが、いつもに比べてとても長く感じました。

吉野家事件

改札を出て、言問通りに差し掛かると、すぐに吉野家が見えました。

こんな過酷な精神状況の中、立川流前座ドジ話の中の「吉野家事件」を思い出しました。

志加吾と小談林が談志を車に乗せて吉野家の曲がり角をすぎたあたりで、談志は彼らに「牛〇、買ってきてくれ」と指示を出しました。

車内の雑然とする環境でした。よく聞き取れなかったのです。

そして、弟子の掟として、「師匠、もう一度お願いします」とは絶対言えないのが徒弟制度でした。

「牛○」というファジーなセリフを、志加吾は「牛丼」と解釈しました。

談志を降ろした後、志加吾は弟弟子の小談林に「牛丼買ってきなよ」と指示を出しました。

「兄さん、師匠が牛丼食べるわけないよ」と小談林は伝えましたが、「いや、あの曲がり角で言ったから間違いないよ」と、なぜか志加吾は頑なでした。仕方なしに小談林は牛丼を買ってきて恐る恐る差し出しました。

談志は不思議そうな顔になり、

「……俺は牛乳買って来いって言ったんだよ」と、怒った風情ではなく、呆れていたとのことでした。

そばにいたおかみさんの「あら、私これ一度食べてみたかったのよ」という言葉に救われたという。いやはや、数多いしくじりの中でも特筆すべき間抜けな思い出でしたが、そんなふざけたことを思い浮かべている場合の私ではありませんでした。

「立場を弁えろ」

刻一刻と談志の住むマンションに近づいてゆきます。

エレベーターもやけに早く、目指すべき階に着きました。

しつこい新聞の勧誘除けの「北方領土奪還」のステッカーが嫌でも目に入ります。

恐る恐るインターフォンを押しました。

「はい」

談志の声でした。寝起きだったのでしょう。明らかに不機嫌丸出しでした。

「おはようございます。ワコールです」

「なんだ？」

突然プライバシーを邪魔された怒りのようなニュアンスが込められた声でした。

「大事なお話があり、おうかがいしました」

「……どうした？」

いっきにクールダウンしていました。おそらく再三にわたっての二つ目昇進の願いが叶わない私が、とうとう「やめる」という最後の選択をしたのではと思ったに違いありません。

いつの間にか不機嫌さが消えていました。

「……このたび、結婚させていただくことになりまして、ご挨拶におうかがいしました」

振り絞るように私は伝えます。

「……そっちに行く」

今度はいっきに怒りに火がついたような思いが短い言葉の上に乗せられていました。

ドアがいきなり開きます。

「てめえな、前座の分際で結婚なんぞするバカがあるか!?」

談志の視線の先にはおびえたようなカミさんがいました。彼女も一緒に来ていたことは想定外だったのでしょう。

すると、打って変わって優しい声でカミさんに言い放ちました。

「あのね、君に言ってるんじゃない。このバカに言ってるんだからね」と言い直し、私に向かって、おもむろにこう言いました。

「いいか、立場を弁えろ!」

ドアが激しく閉められました。

こうなるのは予測していましたが、いざ事実が明らかになるともはや受け入れるしかありません。

「ごめん、やっぱりこうなった」

「早く二つ目になるしかないのね」

私がうなずいたとき、再びドアが開けられました。

「メロンだけはもらっといてやろう」

談志は、私が大切に抱えていたメロンの包みを受け取りました。

2人の入室は許されませんでしたが、メロンだけは許されたのです。

おかみさんに救われる

そして、さらにその後でした。

おかみさんが奥から「わー、どんな人、どんな人？」と続いて近づいてきました。

「え、ワコールさん、結婚するの？　わーおめでとう！　あら、パパ、とってもかわいい人よ」

無邪気なおかみさんの天使のような言葉が、奥でメロンの包みを開けているであろう談志に向かってゆきました。

「吉野家事件」以来、またまたおかみさんがなだめてくれたのです。

実際、談志をしくじった窮地の際にも、帰りがけ、「今日のパパ、機嫌悪いもんね。気にしちゃダメよ。落語家なんだからいつもニコニコしていなきゃ」と励ましてもらったこともありました。

ある人が「立川談志の奥さんはこの人しかいない」とまで言い切っていましたが、まさに女神のような優しい女性でありました。

余談ですが、実際、おかみさん、長女の弓子さん、長男の慎太郎さんは前座の分際の私にまで「ワコールさん」という感じで敬称で接してくれました。

とまれ、おかみさんという最高級のクッションによってかなりショックは軽減されたものの、掟破りを2回も敢行する形にしてしまった私には、「もうこいつはどんな境遇でもやめないだろう」と談志には判断されたようなものですから、以後ますますキツい重圧にさらされることになっていったのです。

狂気の気づかい 18

わざと怒られることで退路を断つ

「俺に殉じてみろ」

懐に飛び込む

カミさんの覚悟は、談志も認めることになりました。

後日「先日はおくつろぎのところおうかがいしまして、きちんとした挨拶もできずに失礼しました」という長い手紙を談志に送ったカミさんでしたが、その返事をきっちり談志は送ってくれていたのです。

このあたり、談志はとても筆まめでした。

「ちゃんとした手紙、ありがとう。何かあったら力になりますよ」と墨痕鮮やかに記された手紙は、いまでもカミさんの宝物となっています。

そしてカミさんがちゃんとしたイメージであればあるほど、反比例するかのような私の不甲斐なさが際立つ形となり、余計に当たりもキツくなることははっきりと想像できました。

「こいつはどんな重圧すらも跳ね返すだろう」

きっとそう思ったに違いありません。

たった1人の好みに傾注する

無論私も、このままでいるつもりはありません。

例の上納金未納問題という大ナタで前座が減りました。

私は談志が暇なときは頻繁に出向いて、身のまわりの用をこなしながらも唄と踊りをチェックしてもらおうと決めました。

小唄の稽古に通うのもやめました。

もっとダイレクトに談志の好みに傾注しようとの思いからでした。談志の愛した音源のテープをエンドレスに編集し直し、朝に夜に聴き続ける日々です。まるで受験生でした。

カミさんとカラオケにも頻繁に行きました。

そこで往年の名曲「明治一代女」や音丸、新橋喜代三など、談志好みの唄のレッスンです。

ちなみにカミさんは小学校の先生の免許も持っていて、音楽教師としても教えられるのでピアノの知見もあり、私の音程のズレには敏感でした。

逐一チェックを受けながら、翌日談志宅へと向かいます。

談志も最初はウェルカムの姿勢ではありましたが、好きな音曲は余計に自分好みの歌い方やトーンがあり、少しでも外した感じで唄うと、いっきにすこぶる機嫌が悪くなりました。

まさにあの「二つ目トライアルにおけるタップ」と同じ陥穽でありました。

努力を積み上げる日々ですが、もともと「努力は馬鹿に恵《あた》えた夢」とまで言い切るのが談志の凄さです。

やはり、こんな感じの日々が続くと、さすがに辟易してくるのでしょう。

あと一歩の音階がカバーできないだけですべての蓄積がダメになる――まるで「寅さん」状態でした。

しびれを切らした談志は、こう言い切りました。

「あのな、ここまで言ってもわからねえなら、しばらく顔を見せるな」

もうそんな言葉に負けている私ではありません。

「明日また来ます」

「馬鹿野郎、そんなにすぐにうまくなるわけねえだろ。消えろ！」

またまた振り出しでした。

弟弟子にアドバイスを請う

さすがに落ち込みます。

帰宅後カミさんに慰めてもらおうと思って打ち明けると、カミさんは、言ってのけました。

「だったら、行かなきゃいいじゃない、師匠がそう言ってるんでしょ？」

「いや、面と向かって言われてみろよ、そりゃ落ち込むってさ」

「1週間も行かなきゃ、向こうからきっと声をかけてきてくれるって」

どこまでも堂々としていました。


その間、私は談笑のところにアドバイスをもらいに行くことにしました。

「弟弟子にアドバイスをもらう」というのも「前代未聞」でした。

この世界は1日でも先に入った者が永久的に兄弟子になり、その差は決して縮まりません。一生敬語を使う関係が基盤となります。

悔しいどころの騒ぎではありませんでしたが、これもカミさんのアイデアで、「あなたと仲良くてずっと落語会も一緒にやってきた人だから、きっとあなたの誇りを傷つけないようにアドバイスをしてくれるはず」

これもカミさんの言うとおりでした。

もう小さなプライドにとらわれているような場合じゃありません。猫なら化けるほど前座をやって卑屈になってもいるのです。

「恥のかきっついで」と「文七元結」で長兵衛が言うセリフがありますが、まさにそんな感じで彼のもとを訪れると、やはり自分のネックは「声の出し方」と判明しました。

もっと懐に入る

これはボイストレーナーの先生にも指摘され続けてきたことでした。

とにかく、「落語の中の登場人物が唄う」というイメージでの「無理に絞らない」発声を心掛けることにしました。

日ごろの積み重ねしかありません。

普段カミさんとしゃべるときの声から注意して出すようにしました。

そんな感じですごしていると、談志から留守番電話が入っていました。

「……あのな、俺はお前を拒否しているわけじゃないからな」

言葉の様子からほろ酔い加減でもありました。

長いこと前座をやっている不器用にもほどがある自分に対して、精いっぱいの妥協でもあったのでしょう。また、以前述べたような「あの夏の左談次師匠のドアの一件」をも思い出しました。

やはり談志は基本的に「攻めの人」で、自分が守勢に回ると弱みが出てしまうのでしょう。

『もっと懐に入って来いよ』

というニュアンスも響いていました。いや、談志の声をそのように勘案できるような立場に、やっと私がなれたということなのかもしれません。

翌日、私と志加吾とが練馬に入り、ワゴンに荷物を載せてそのまま談志を根津に連れてゆくことになりました。

これは、チャンスです。

「前回見せたとき以上の唄」は見せられるはずと確信するほど、研鑽は積んでいます。

志加吾の運転で、ワゴンの真ん中の席に談志、私がその隣に位置しています。

おもむろにワゴンは滑り出してゆきます。

「……師匠、唄を見てください」

「やってみな」

待っていたとばかりに言いました。

「♪かわいがられて　なでさすられて　見捨てられたよ夏火鉢」

「……」

怖いほどの間がありました。

「前よりはよくなっている」

「ありがとうございます」

「だけど、まだまだだ。続けな。俺を喜ばせてみろ」

ここぞとばかりに披露することにしました。

以下、却下されるたびにどんどん繰り出してゆきました。

「品川甚句」「いいじゃないか節」「間違えば節」「まっくろけ節」「パイノパイノパイ(東京節)」「鴨緑江節」「復興節」「法界節」「ラッパ節」「ハイカラソング」「さのさ」「から傘」「かんちろりん」「縁かいな」「オッペケペー」「ちょんこ節」「きんらい節」「新ドンドン節」……。

談志の顔色がどんどん良くなってゆきます。

「おう、そこにきたか。いや、待て待て、そこはこう唄うんだ」

自分が見本を見せて、調子いいなあと思っていると、いくぶん不機嫌になり、「いや、違う違う、そうじゃねえ」と訂正に入り、「そこはこうやるんだ」というような乗ったり降りたりとまるで波のような車内でした。何事が起きたかと不思議そうな視線をルームミラー越しに送る志加吾にも、

「お前は前向いて運転しろ!」

というチェックも怠りません。さすが天才です。

いっきに30曲ぐらい唄ったところでしょうか、談志は腕組み状態になりました。

「うーむ……。そこまでやったんだからと評価している俺がいる。その一方で、そこまでやったんだから、もっとお前は上に行けると思う俺がいる」

ここで私は切り札を出しました。

「師匠、『唄入り観音経』も覚えました」

ニカッと談志が笑いました。

呆れながらも「けっ、やってみろ」

「♪遠くちらちら灯りが見えるぅ〜あれはｌ言問い、こちらを見れば　誰を待つ地（待乳）のもやい船〜」

いい意味だとはっきりわかる苦笑いになりました。

「……わかった、わかった。今日はこのへんで勘弁してくれ」

そして、本項のタイトルになった決め台詞を授けてくれたのです。

「お前、俺に殉じてみろ。いいじゃねえか、このまんまのペースで、続けてみろ。10年かかろうが、15年かかろうが、お前の不器用に俺はそばにいてやる。15年前座やって、30秒だけ二つ目やって、そして30秒後真打ちになるなんてのもいい。それもありだ」

「ありがとうございます」

「ま、ほんと今日はこれで勘弁してくれ。もう一歩、もうちょいだ。あのな、いいか、俺がガンになったらお前のせいだからな」

最後は入門して以来、初めて見せてくれた笑顔に変わりました。

やっと、ここまで来ました。

無論まだ二つ目確定ではありませんでしたが、近いうちに吉報を手に入れることをはっきりと予感した瞬間でもありました。

気がつくと、志加吾の運転は滞りなく根津のマンションの前に到着していました。

狂気の気づかい

19 たった1人を喜ばせることに殉じてみる

「やっとここまで来たな」

チャンスをつかみにいく

とにかく二つ目が近づいてきたことは、手応えとして感じていました。

談志もほうぼうで、「あいつはもう間近だ」とも言ってくれていたようで、以前にもお話しした浅草の洋食屋の店主のMさんからも、談志の近況が伝わってきました。

もちろん、ここで気をゆるめている場合ではありません。

いつその日が来てもいいように、そのころは毎日、かっぽれ、そしてタップの稽古に明け暮れていました。

タップもやめようかと思った瞬間もありましたが、教えてくれていた平田康彦さんは同い年でもあり、談志マニアということでその先にまた新たなご縁がありそうな「予感」がしたもので、何より私の悩みごとの聞き役でもありましたので、ストレス発散も兼ねてのレッスンはとても楽しいものでした。

二つ目昇進決定

そんな「二つ目昇進」の決定は突然、訪れました。

石原都知事主宰の小唄の会、上納金未納問題発覚などの大きすぎる2つの嵐の後、談志自身も穏やかな環境が続き、「前座は俺が呼ばないかぎり来なくてもいい」という、いい意味での猶予期間が与えられていたころでした。

2000年10月2日。

街には秋の匂いが満ち溢れていました。

タップの稽古に向かう途中、自宅の留守電を公衆電話で確認したとき、談号からの電話が入っていました。

「兄さん、今日前座は誰も師匠についていません。その前から師匠は兄さんのことを気にしていましたよ」

聞けば、当時談志はテレビ朝日の古舘伊知郎さん司会『そんなに私が悪いのか!?』

のレギュラーを抱えていました。

収録は世田谷のスタジオでした。談号にその詳しい住所を聞き、先回りする形で談志が来るのを待ち構えていました。

収録時間からだいぶ遅くなる格好で、談志はテレビ局のチャーターしたタクシーで会場入りしました。

居並ぶ番組関係者が「お疲れ様です」と声をかけると、談志は平然と悪びれることなく、「遅れたのは、ここに来る前が楽しかっただけだ」という一流の言い回しで煙に巻くと、その中に私の姿を発見し、きっぱりこう言いました。

「お前は、今日は俺に1日ついてこい」

1日どころか、気がつくともう9年半もついてきていた私でした。

遠巻きに収録風景を見つめることにしました。

番組の話題は、「(当時の)森首相がそんなに悪いのか!?」ということで、案の定談志は森さん擁護側に座りました。

この番組の趣旨が「マイナスのイメージを持たれている人に対して、果たしてそんなに悪いのか?」という、「世の中の風潮に逆張りをする」談志にはうってつけのキャラが求められている感じでした。

タクシーの中の試験

談志は収録後、同じ森首相擁護派の中にいた小泉純一郎氏と会話を交わした後、タクシー乗り場まで急ぎました。

「俺はこれから根津まで帰る。タクシーの中で唄と講釈を見せろ」

「はい！」

おもむろに乗り込む師匠と弟子を乗せ、タクシーは走り出しました。

「『大津絵』をお聞きください」

この唄にも思い出があります。

慶應義塾の塾長で上皇陛下の教育係でもあった小泉信三は落語をこよなく愛していました。私邸に志ん生師匠を招き、そこで志ん生師匠の唄う「大津絵」に涙を流したという逸話が、私はとても好きだったのです。

本格的に落語が好きになったのは大学時代でしたが、入学前に小泉信三にまつわる本を読み漁り、かような情報を手に入れていました。

縁があって慶應に入り、落語のオーソリティたる志ん生師匠と自分との交点こそが「大津絵」だと思い込んでいました。

かような勝手な思いでいましたが、その後の前座期間、私を支えてくれた慶應関係者で慶應志木高校ＯＢの方がいて、二つ目昇進が叶わず悲嘆にくれていたように見えたであろう当時の私に小泉信三の言葉「練習は不可能を可能にする」を年賀状に毎年記してくれていたのでした。

「大津絵」は両国の往時の風景が事細かに描かれている端唄です。後年の談志がこよなく愛した「江戸の風」の発生装置こそ、まさに江戸情緒あふれる「大津絵」の世界でした。

「♪両国の〜夕涼み〜軒をならべし茶屋の数〜」

唄い出した途端でした。

談志がリズムに合わせて乗り始めました。

「くー、いいだろ、そこなんだ」

「なあ？　わかるだろ？」

師匠のノリは、まるでメトロノームでした。

「よし、唄は合格だ。声の出し方、よくなってきているな、じゃ講釈やってみな」

「三方ヶ原軍記」もずっと稽古を重ねてきた演目でした。

「紋尽くし」という、あらゆる家紋が勢ぞろいした様を流暢に読み上げる箇所で、しゃべっていても恍惚感に包まれるような戦国絵巻です。

「そうそう、その調子だ」

途中でやめさせられましたが、これは以前のように「やめてくれ」という制止ではなく、「その先も大丈夫だ」という安心感、つまりは評価であることは、私にも把握できました。

「やっと、わかったか？　そこなんだ。その感覚、忘れるなよ。それがお前がこれから1人で落語を語ってゆく際の軸になるんだ。いいかよく覚えておけ、俺がここまで来られたのはな、教えてくれた奴のダメさ加減に気づいたからだ」

ずっとさっきから「二つ目昇進試験」のオブザーバーとなり沈黙を決め込んでいたはずの運転手が、やっと笑っていいという指示が出たかのように、爆笑しました。

私の笑顔を包み込むかのように、さらに談志は言いました。

「根津で、踊りを見てやる。それがよければ合格だ」

人生の伴走者

世田谷から根津までの道のりがこんなに短いものとは思いませんでした。

やはり人間は集中すると、時の流れを速く感じる生き物なのでしょう。

根津に着くと、おかみさんが迎えてくれました。

「あら、パパ、おかえりなさい」

談志は自宅ではパパと呼ばれていました。

「ワコールさんも、久しぶりね。奥さんお元気？」

おかみさんが無邪気に歓待してくれた環境も、確実にこれからの審査のアシストとなる感じがしました。

「何踊るんだ？」

ＢＧＭの音源はありませんが、自分で唄いながら踊るだけです。

「はい、大津絵です」

「いいな！」

談志が破顔一笑します。

「♪どもりの又平、描いたる絵紙に性根が入って、皆抜け出でた」

これをきっかけに、いろんな大津絵の登場人物が出て来る踊りです。

「かっぽれ」の先生からはお墨付きをもらっていた踊りでした。談志は私のへたくそな唄に合わせて膝で太鼓を打ち、リズムを整えています。

談志は、人生の伴走者だったのです。

その先達の刻むテンポに合わせて、自分の人生は規定され続けてきました。

人生のリズムセクション奏者からの言葉は、徹底的に私の身も心も叩き続けていました。

それはやはり「痛み」ではありませんでした。

行く手を正しく示す絶対的な信号に他ならなかったのです。

それを「苦痛」にしか感じられなかった読解力のない弟子たちが去っていったのでしょう。

9年半の「前座」の終わり

踊り終えると、おかみさんが最高のギャラリーとして拍手を送ってくださいました。

談志は40歳すぎから覚えたというセブンスターをぎこちなく吸い終え、灰皿に擦り付け、切り出しました。

「やっとここまでかかったが、認めてやろう。合格だ。カミさんに知らせてやれ」

念願の二つ目合格の審判はあっけなく下されました。

そして、さらに談志の言葉は続きました。

「まだ、先（真打ち）があるってことを忘れるなよ、やめるなよ」

いい意味で釘をさされました。

10年近い年月がすでに経過していました。

談志からの短い合格通知には、結婚報告の知らせを健気にも伝えに来たカミさんへの優しい思いがほとばしっていました。

すぐ根津の談志の住むマンションの1階にあった公衆電話からカミさんにその旨を伝えますと、彼女の声もやはりいつしか涙声に変わってゆくのに気づきました。

その後、長野の実家に電話を入れると、両親ともに号泣していました。

辛い戦いでしたが、そんな過酷な戦いも、決して自分1人で戦い抜いたものではないことが、そんな電話からうかがい知れました。

「自分は、1人じゃなかったんだ」

自然と涙が頬を伝っていました。

やっと泣けるような立場になれたのでした。

狂気の気づかい 20

気づかいの果実は、ある日突然やってくる

「お前、名前どうするんだ？」

気づかいが報われるとき

二つ目昇進のゴーサインはあくまでも内定にすぎませんでした。

兄弟子各位に吉報を電話すると、左談次師匠から、

「師匠は気が変わりやすいから、とにかくすぐにお披露目の会をおやんなさい」

というありがたいアドバイスをもらいました。

さすが大先輩、談志の生理をよく把握していました。

私は都内の300人規模の会場をくまなく電話でチェックしました。

するとラッキーにも、池袋の東京芸術劇場小ホールにキャンセルが出たという情報をキャッチし、すぐさま談志のスケジュール調整に動きました。

「もう、前座ではないんだ」

練馬にいた談志に挨拶に行くと、やっと昇進した出来損ないの弟子にも優しい応対を感じました。

もう前座ではないのです。

「ひとまずの信用を獲得した奴だ」というニュアンスで接してくれたのが、とても心地よかったものでした。

「師匠、12月2日、二つ目昇進のお披露目の会、ご出演いただけないでしょうか？」

スケジュールはあらかじめ長男の慎太郎さんに確認ずみです。

大丈夫なはずですが、談志は「ん？」と一瞬首をかしげました。

もう10年近く談志のそばにいると、その表情から「快・不快」はもちろん、そこから派生する次なるセリフまで何となくわかるようになるものです。

決して不快ではなかった様子に安心していると、

「その日な、俺の本当の誕生日なんだ」

談志は誕生日を公称で1月2日にしていました。

そしてその日には誕生日を兼ねた新年会が開催され、それは談志亡き後、いまでも続く立川流の公式行事のいちばん大切な日となっています。

昔は縁起のよさなどを優先したのでしょうか、めでたい日に合わせて誕生日は変えていたようです。

ま、もっと昔の日本人はみんな「一陽来復」ということで「元旦」が誕生日でもありましたが。


リアルな談志の誕生日に合わせて、晴れ晴れしく二つ目昇進の門出が祝えるのですから、二重の喜びになりそうだなあといい心持ちでいると、談志がかぶせてきました。

「お前、名前どうするんだ?」

そうでした。名前は前座の立川ワコールのままでした。

10年近く慣れ親しんだ名前ですから、このままでもいいなあとは一瞬思った時期もありましたが、やはりどう考えてもこれは前座名です。

きっぱり私は言いました。

「師匠、名付けていただけませんか?」

「わかった、考えておく」

「談慶」拝名

その翌日、「談志が弟子たちに料理を振る舞う」みたいな雑誌の企画がありました。談志は実は料理好きで、超絶機嫌がいいときに前座たちに振る舞ってくれた「ベトナム料理」を得意としていました。

料理といっても、談志のことですから「新たに食材を買い求める」などということは滅多にしません。

冷蔵庫を見て足りない野菜などを買うぐらいで、その中にあるモノ一掃がメインとなります。

材料は、基本、ライスペーパー、冷蔵庫にある食材だけです。

ライスペーパーに霧吹きで水を吹きかけ馴染ませ柔らかくし、その上に、切り刻んだ冷蔵庫の残りモノを乗せて包み、あとはソースにつけて食べるだけです。

ソースは、これも談志が冷蔵庫にあるナンプラー、マヨネーズ、味噌などをテキトーに調合した感じのものです。

すべてありあわせなのです。

が、こんなシンプルなものですが、正直めっちゃ美味なのです。

「……ピーマン刻め、ますてよ、ピーナッツの残りもあったな。おい、手の空いてる奴、これすりつぶせ。あ、檸檬もあったな、これ、皮捨てるなよ、細かく切れ。ゴマもあったな、混ぜろ。ガーナチョコか、入れちまえ」

右手の薬指で味を確かめつつ、さらに弟子たちにも指示しつつ、「勝手に食いな」と上機嫌でした。

レタス、キュウリ、あまったチャーシュー、焼き魚の残り、大根、いつもらったのかわからない野沢菜漬けの残り、ごはんなどなど、それぞれがライスペーパーにくるまれると、魔法がかけられたような味に変身するのです。

談志はうまそうにほおばりながら、私に向かって、

「おい、談慶って名前はどうだ。談志の談に慶應の慶」

と言いました。

「はい、ありがとうございます」

食べながら答えます。

「な、いいだろ。慶びを談じるとも言える。縁起もいいや。慶應の仲間にかわいがってもらえ」

この瞬間にやっと「慶應OB」という肩書き使用の許可が出た格好となったのです。

やはり前座時代は、氏素性を明かすことなく、まさに「滅私奉公」で自分の生活の基準を談志に置く日々を余儀なくされていました。

「前座は基本プライベート開示禁止」なのです。ここであらためて、あの前座のときに結婚報告に行ったことを顧みて冷や汗を感じました。

さて、そんな「結婚」ですが、シナリオを勉強している時期にずっとマンツーマンで惜しみなく教え続けてくれた脚本家で我妻正義さんという方がいました。我妻さんとの連名で書いたシナリオの中には映像化の寸前までいった作品までありました。

今回の昇進も殊の外喜んでくださり、

「だったらさ、二つ目のお披露目の打ち上げの席で、結婚式やっちゃえば？」

と嬉しい提案をしてくださいました。

「談志師匠も絶対喜ぶよ。あ、うちらの若手もスタッフとして手伝うからさ」

頼もしいセリフでした。同世代の脚本家仲間の応援も賜ることになりました。

お披露目の会

二つ目昇進の会には談志の他、助演として、前座の自分をいちばん使ってくださった談四楼師匠、快楽亭ブラック師匠に出演をお願いしました。

チケットは即売り切れ。その後の結婚式兼打ち上げパーティ会場も当時「東方会館」という結婚式場が徒歩5分という絶好の立地にあり、すぐさま予約することができました。


10月2日から12月2日まで、たった2カ月という短期間でしたが、ご祝儀ムードもあり、すべて滞りなくすぎてゆきました。


そして当日。

ぬかりのない前座として動いてくれていた談号から、また会場に電話がありました。

「師匠は勘違いして夜の部だと思っていました」

それも、実は想定ずみでした。

万が一に備え、自分がトリで「死神」をやるつもりでしたが、中トリの出番と代わり、談志がトリを務めることになりました。

談四楼師匠からの「師匠は気をつかっているんだよ。師匠の中トリで帰っちゃう人を防ぐためだったと思いなよ」という言葉がとても優しく響いたことをいま思い出しています。

私の代わりにトリとなった師匠が「鮫講釈」で会場を沸かせました。

楽屋で着替えているところに挨拶に出向くと、今日の日用にと着物姿のカミさんが談志に挨拶に訪れました。

「本日はありがとうございました」

「今日これからお披露目だろ」

着物姿のカミさんを一瞥し、

「お、似合ってるな」

カミさんは照れながら「ありがとうございます。馬子にも衣装です」と答えると、すかさず、

「それはな、孫じゃねえんだ、フラットな。孫じゃなく、馬子にも衣装なんだ」とアクセントの注意を受けました。さすが言葉の達人でありました。

船出

結婚式を兼ねた二つ目昇進打ち上げパーティも、200人ぐらいの来場者という大

にぎわいでした。

司会は、現在テレビ朝日『報道ステーション』の司会を受け持つ小木逸平アナウンサー。

当時はまだ初々しく、また彼は大学時代に落研に所属していたこともあり、談志の大ファンということで談志の機嫌も絶好調でした。

最初からヒートアップする感じの会は、談志の言葉でとどめを刺す感じとなりました。

「もともと不器用でした。でもひとまず俺の定めた基準を突破しました。前座のうちで結婚もしましたが、あ、言っておくけど、いいか談慶。うちの一門は離婚率高いからな」

会場は爆笑となりました（義父と義母だけ苦笑いでした）。

「結婚したら別れないこと。それだけだ」

これほど端的なはなむけの言葉に、私はいままで出会ったことはありません。

そして、さらに次のセリフを発してくれたのです。

「談幸のときにも言ったけど、今日は俺も気分がいいから言ってやる」

おもむろに正面に向き直り、

「いいですか、普通は、『ふつつかな2人で迷惑をかけるかもしれませんが』と言うが、頼むよ、この2人、ちゃんとしているから皆さんが迷惑かけないように！　以上」

いま考えると完全なる世辞でもあったはずです。

いや、この談志の言葉を真に受けないようにするための準備期間として、かくも長き前座時代があったのではとも言えましょう。

とにもかくにも、かような形でやっと落語家としてスタートラインに立つことができたのでした。

狂気の気づかい 21

気づかいは、いつか必ず報われる

「いいか、腐らせるなよ（笑）？」

お礼の心得

二つ目昇進披露落語会と、その打ち上げでの結婚式という二大イベントをいっきに終えた私とカミさんでしたが、翌日も疲れて休んでいられるはずなどありません。

まずは2人で談志の下にお礼の挨拶へと向かいました。

前日の2つのイベントの後、手伝ってくれた脚本家グループや前座さんたちとの打ち上げもありました。

でも、疲労困憊ではありましたが、もう前座ではないのです。

重い身体ではありましたが、足取りも軽やかに談志宅へと向かいます。

数カ月前の悪夢のようなあの夏の日と同じ道ですが、目に入る景色すら祝福してくれているかのように感じていました。

人間、心模様が晴れ晴れしていれば、あのときと同じものでもまったく違うように映るもので、談志宅の玄関に張られた「北方領土奪還」のステッカーすら自分たちを歓待してくれているかのように一瞬光りました。

インターフォン越しに、「入ってくれ」と言われ、カミさんと2人入室を許されました。

あのときは「伊勢丹のメロン」しか許されなかったものでした。

カミさんがいるのを見るや、談志は「上がんなよ」と促してくれました。

「よくあれだけ集めたな。でもいいか、まだ次（真打ち）がある。ま、わかっているとは思うがな。あ、なんか持って行くか？」

褒め言葉も手短なのは照れでしょう。

「食べるものをあげるよ」という談志一流の歓迎ポーズ、断るわけなどありません。

談志について2人、台所へと向かいます。

「はい、ありがとうございます！」

「これ、うまいぞ、この干物。少しあぶるだけでいい」

冷蔵庫を無造作に開け、片っ端から食材を私にパスします。

勝手知ったる他人の家ならぬ師匠の家、紙袋を探し出し、私は談志の機嫌の変わらぬうちにそれらを詰めてゆきます。

「うー、これはな、迷うなあ。あー、ま、いっか、もったいねえが、祝いだからくれてやる」

高級食材のふかひれでした。

そこでの逡巡は、さながらあの「文七元結」で左官の長兵衛が吾妻橋から身を投げようとしている文七に、娘を売った50両という大金を渡すか渡すまいかの名場面のようでした。

談志には50両に相当する「ふかひれ」に違いありませんでした。

「ついでにこれも持ってゆけ。無駄にするなよ。俺んちにあるものはみんないいものだらけだからな」

カミさんが、家での体たらくとは真逆の私の機敏な動きに、いくぶん違和感を持っています。

大量の豪華品を私に渡し終え、談志は、言いました。

「いいか、腐らせるなよ」

苦笑いを浮かべていました。

あの前座初期の立川流史上有数のドジ事件が、ここでやっとネタとして昇華された瞬間でもありました。

うっすらその事件の顛末を知っているカミさんも微笑みました。

狂気の気づかい

22

お礼の挨拶は、すぐに、直接言いに行く

芸人世界の

「優しい気づかい」

4

「師匠が亡くなったというのはデマです」

談志の死

２０１１年11月23日。

５年間の二つ目期間を終え、２００５年に何とか（ほんとにいろいろあったのですが）真打ちに昇進してから6年が経ったある日。

その日は、北海道は十勝のホテルでの演芸会でした。

メンバーは私の他に、奇術のマギー審司さん、コントのBOOMERさん、そして漫才の青空球児・好児両先生でした。

昼夜の2回公演ということで、早朝から動いていました。

その前々日ぐらいから、高校時代の先輩でもある毎日新聞の演芸担当記者の油井雅和さんから何度も電話が入っていました。

「談慶さん、もしかして、談志師匠お亡くなりになりましたか？」

寝耳に水でした。

「は？　いや、いっさいそんな連絡は入っていませんよ」

「じゃあガセですね」

「はい、一門の連絡網で必ず回ってきますから」

二度目には、「あの、本当に亡くなっていませんよね」

私も気になって「誰がそんなウソを流すのか」ということもあり、Twitterなどで検索しますと、一部で「談志が死んだらしい」「弟子は何も言っていないからウソ情報だろ」的なやり取りが散見されました。

そんなやり取りを、油井さんと事情を共有していました。

「何かあったらすぐ連絡入れますから」

『いったい、誰がそんなガセネタを流すんだろう』

『たしかに弱ってはきているけど、そんなウソを流して何が面白いんだろう』

『弟子の身にもなってみやがれ』

弟子の中でも、左談次師匠がきっぱりと「師匠が亡くなったというのは、ウソです」とTwitterで明言してくれていたことも心強く、頼もしく感じていました。

十勝のホテルでの昼公演が無事終わり、反応のいい観客に乗せられ、いい気分でその夜にかけるネタを自分の部屋でさらっていたときでした。

またしても着信が響きました。

テレビ朝日の小木アナウンサーからでした。

『小木さんも、デマに踊らされているんだろうな、テレビの人も情弱なのか』

と呆れ気味に私は電話を取りました。

小木さんは重い口調で、こう言い放ちました。

「談慶さん、このたびはご愁傷さまでした」

「は、何言ってるんですか？」

「いや、談志師匠が……」

私は言葉を遮りました。

「小木さんまで信じているんですか？」

「談慶さん、僕とあなたの仲じゃないですか？」

小木さんは、私が談志の死を隠しているものと明らかに確信している体でした。

以前述べたように、小木さんには結婚式を兼ねた二つ目昇進パーティの司会をやってもらうほどの仲でした。彼からすれば「そんな気心知れた自分には、本当のことをしゃべってくれるはずだ」という信念があったのでしょう。それは当然のことでした。

「はっきり言いますが、師匠が亡くなったというのはデマです」

私は、声を張り上げました。「そうであってほしい」という願いそのものでもありました。

「お気持ちはわかりますが、いいですか、談慶さん。先ほど落合の火葬場のほうに問い合わせたところ、文京区根津にお住まいの松岡さんからの予約が入っているんですよ！」

「いや、そんなことはありません。一門からはなんの連絡も回ってきていませんから」

「じゃあ、どなたですか？　文京区の松岡さんって」

「知りませんよ！　ウソじゃないですか」

明らかに小木さんも気分を害したようでした。

「そうですか。では、私は談志師匠と名刺交換もしています。直接ご自宅に向かってもよろしいですね」

ここで、さらに私はカチンときてしまいました。

このしばらく前から、談志の入退院時の姿を追いかける一部マスコミに手を焼いている旨を慎太郎さんからも聞いていたので余計でした。

「小木さん、実際師匠の身内はあなたがたのような行為で頭を痛めているのですよ。そんなことをされるなら、お付き合いは、これまでですね。さようなら」

私は激高し、電話を切りました。

気晴らしに大相撲でも観ようかとテレビのスイッチを入れます。

そこには、九州場所が行われている福岡の街の様子が映し出されていました。

晩秋の十勝はすでに日が落ちて真っ暗でしたが、それとは対照的に博多の夕焼けがやけに明るく感じました。

「北海道と福岡って全然違うんだな。日本は広いなあ」と能天気に思ったそのときでした。

緊急音とともに、テロップが流れたのです。

「立川談志さん亡くなる。75歳」

談志の訃報は、ＮＨＫの速報で知ることになったのです。

そしてそのすぐ後に、弟弟子の談修から、「師匠が亡くなりました」という連絡が回ってきたのでした。

「まったくとんでもねえ人だったよな」

芸人たちの気づかい

「一昨日、亡くなってすでに荼毘に付された」
「身内だけで葬儀はすませた」
「今晩、美弥（銀座にあった談志御用達のバー）に弟子たちが集まる」

あまりに突然の出来事でした。

そうなると人間というものは、断片的にしか物事をつかもうとしなくなるのかもしれません。

談志の訃報というあまりにショッキングな出来事は、到底承諾しがたい事実ではありましたが、談修の落ち着いた話しぶりに、こちらもようやく事態を把握し始めました。

ひとまず自分はいま北海道にいて、美弥には行けない旨だけ伝えて電話を切りました。

Twitterをふと見やると、私が早速叩かれていました。

「弟子の分際で師匠の死を知らされていないとは」

「情弱にもほどがある」

「談慶は本当に弟子なのかw」

無論怒る気にもなりません。怒りの感情すら麻痺してしまった感しかありませんでした。

そのうちに、弟子全員に2日前の死が知らされていなかった事実が行き渡ると、「それはかわいそうじゃないか」という論調に変わってゆきました。

いつの時代も「大衆なんて無責任なもの」なのです。

切なさに浸る間もなく、即座に、また電話がかかってきます。

小木さんからでした。

ちょうど詫びたいと思っていたところだったのでこちらの事情を説明すると、どうやら小木さんも遺族が弟子全員に連絡していなかったことを知り、お互い謝り合う格好でなんのわだかまりもなく会話を終えました。

芸人仲間の気づかい

1人でいると、どこからかふと大きな喪失感が覆ってきそうでしたが、そんなことにとらわれている暇などありません。

その日の夜公演の時間が差し迫っていました。

こんなときでも、高座に穴を開けるわけにはいきません。

私はそそくさと着物に着替え、作り笑いで、会場脇に設えた楽屋に向かいました。

楽屋では、青空球児・好児両先生、BOOMERさん、マギー審司さんがすでにスタンバイしていました。

皆さん、私がもしかしたら高座を務められない場合を想定しての、早めの対応だったのでしょう。

私は努めて明るく振る舞いました。

「いやあ、もう覚悟してましたから。あ、ご心配なく。想定内です。普通にやります」

音響担当のスタッフにもその旨を伝えます。

「じゃあ、定刻どおりに」

軽く私も会釈しました。

マギー審司さんの気づかい

『いつだって、落語家は、1人なんだ。そのための修業だったんだろ。ずっと1人、これからも1人』

そんな強がる私を覆いつくすかのように背後から手が伸びてきました。

マギー審司さんでした。

気がつくと、審司さんにハグされていました。

「大丈夫です！」

「……？」

審司さんは、目を閉じて何かを思い浮かべているような風情で語り始めました。

「大丈夫です。僕も、『あのとき』、祖母と親戚の叔母を亡くした直後も、舞台を務められましたから。談慶さんも、きっと大丈夫です」

私のために、忘れたいほどつらかった『あのとき』、3・11の記憶を耐えながら反芻し、呼び起こしているようにしか見えませんでした。

『お前は、ひとりじゃねえぞ、馬鹿野郎！』

どこかで談志のささやきが聞こえてきたと思っていたら、すでに私の出囃子がCDデッキから鳴り出していました。

「イン・ザ・ムード」

こんな心境とは真逆の間抜けに明るい出囃子に乗って、私はとにもかくにも目の前のお客様を信じて語ることにしました。

師匠の死に触れれば、いっきに空気はその色に染まり、私の独演会ならばまだしも、他の出演者に迷惑がかかるだけです。

淡々と語り出したのは、与太郎が出てくる「唖の釣り」というばかばかしい一席でした。無論マクラでも余計な時事ネタにも触れず、ただ教わったまんま語るしかありません。

『挨拶をメロディで言うな、馬鹿野郎！』

『すまねえようにしてやる』

『俺に殉じてみろ』


自分の立ち居振る舞いのすべてに、談志が染み渡っているのです。

その、精神的支柱が、もうなくなってしまったのです。

談志からの小言、アドバイス、匂い、思い、もらった本や着物、すべてがいまの私を構成する大切な要素でした。

客席後方には、手を合わせて涙ぐんでいる老婦人もいました。

みんな、私を、わかってくれていたのです。

『みんな、わかってくれているんだな。俺はひとりじゃないんだ!!』

語り慣れた落語は、いつの間にかオチになっていました。

「おう、器用な唖だ、口まできいた」

このネタはテレビやラジオでは絶対かけられない一席です。ライブならではの落語を語り終え、何事もなかったように頭を下げ、舞台袖へと引っ込んでゆきました。

「お疲れ様、よくやった。ま、今日は飲もうぜ」

球児師匠に肩を思いきり叩かれました。

トリの球児・好児師匠は、お得意の日本中を笑わせた「反対語漫才」と、球児師匠の「ゲロゲーロ」で大爆笑となりました。

球児師匠の気づかい

ホテルの支配人から、とっておきの北海道池田町のワインがプレゼントされ、滞りなく打ち上げが始まりました。

「まあ、ご家族も、ほら、憧れて入門したはずの弟子たちに、弱ってゆく師匠を見せるのはつらいという配慮だったんですよ」

私は、聞かれる前から「なぜ弟子に談志の死が知らされなかったのか」という言い訳を述べながら白ワインを口にしていました。

酒があんまり強くない私でしたが、いくら飲んでも酔えません。

「いくつだったの?」

好児師匠が尋ねます。

「75歳です」

「75か。じゃあまだ若いよね」

「ほんとですよね。もっと、筋トレとか勧めておけばよかったですね。そうすればもっと長生きしたはずです。あと5日ぐらいは」

ひとしきり笑いが起きました。

「まったくよ、でもさ、死んじゃったからって、みんな『いい人だった』って言うのはウソだよな」

球児師匠が切り出しました。

「俺よ、談志師匠をまじでぶん殴ろうと思ったのは一度や二度じゃねえんだよ。頭きてさ」

「みんな死んじゃえばいい人ってしちまうけど、そんなのウソだよなあ」

若かりしころの談志の思い出を語り始めました。

「ひでえ人だったよなあ、わかるだろ？」

私は爆笑しながらうなずきました。

そこから、球児師匠のスイッチが入ったような「談志の悪口大会」となりました。酷いことを言われたのは一度や二度どころの話ではなく、それらをつぶさに思い出すたびに話に力がこもってゆきます。

完全なる悪口大会でした。

罵詈雑言には違いないのかもしれませんが、そこは一流の芸人の手にかかると超絶に面白いのです。

若いころ腕っぷしも強く、武闘派で鳴らした球児師匠の談志の殴り方の仕方噺には、新しいワインを追加に来た支配人もつられて笑っています。

罵声に近い形ではありましたが、球児師匠による談志への葬送行進曲そのものでした。

出会った人すべてに思い出を授けて、あの人は逝ってしまったのです。

その人を惜しむように、涙や哀しみだけではなく、笑いと与太噺で献杯するという最高級の弔辞が目の前で繰り広げられていたのです。

そこに、談志がいれば、きっと「いや、あれは違うんだ。そうじゃねえよ」と絶対突っ込みが入るかのような展開だったはずでしょう。

切なさや喪失感や虚無感に浸るだけではないのです。

それらを抱きしめ、さらにもっと上の高みの感情へと誘うのが「芸人」の魂なのです。

居合わせた他の芸人さんも笑い転げながら、その圧倒的な「迫力」にひれ伏しているかのようでした。

根底には「私への優しさ」があったに違いありません。

「芸人がメソメソしていたらダメだぜ。談志師匠は絶対そんなの見たら怒るよ。どんなときも笑っていなよ」

やはり、いい芸人は愛にあふれていて、とことん優しいのです。

それらは確実に私へのメッセージでした。

「……そうなんですよ、もう酔った勢いで話しちゃいますね」

グラスのワインをいっきにあおって、前座時代の「冷蔵庫事件」の顛末を話しました。

球児師匠も私のドジぶりに呆れ返り、「あんちゃんさ、それだよ！　そのあんちゃんのドジぶりが談志師匠の命を縮めたんだよ」と大笑いするに至りました。

好児師匠の気づかい

ひとしきりの夢のような寄せては返す笑い合いが続き、ふと外を見やると、雪が降っていました。

「11月でも降るんですね」

審司さんが外を見やり言いました。

『雪か。雪掻きで練馬の一軒家に俺が1人で行ったとき、師匠は甘酒つくってくれたよな、こんなできの悪い弟子のために』

涙があふれそうになるのを、好児師匠が察知してくれました。

「談慶さんも、疲れたよね。今日はゆっくり休んだら？」

「あ、そうでしたね」

「そうしなよ、明日も早いんだからさ」

さすが長年のパートナー、球児師匠が気づかいます。

「ではお先に失礼させていただきます」

私は、一礼し、部屋に戻ることにしました。

後ろから追いかけてきた支配人が、さりげなくボジョレーを私に手渡してくれました。

「師匠、僕は優しい人たちに恵まれていますよ」

涙で割って飲んだその夜のボジョレーは、程よいのど越しでした。

「生きることも死ぬこともな、紙一重なんだぞ」

談志が見せた気づかい

「大事なことは後からわかってくるもの」

談志が教えてくれたことです。

昨今のベストセラー本のように即座にわかるようなことは、むしろ気化してしまうものなのかもしれません。

じっくり吟味して、会得して、血となり肉としてゆくためには時間がかかるはずなのでしょう。

何事も噛みしめて咀嚼してゆくべきなのです。

まして修業とは、談志からのメッセージとは、フレンチクルーラーのような甘くて舌ざわりのいいものではありません。

それが「談志からの言葉」なのです。

談志の気づかい

いまから書くことは、1992年の年末ぐらいからの思い出です。

落語家になって、1年半ぐらいのころでしょうか、やっと「立川ワコール」という芸名もつき、怒られながらも、修業中の身の上ではありますが「前座」として邪魔にはならない存在として師匠の地方の会や兄弟子の会などでしゃべらせてもらい始めたころのことです。

たまたまスケジュールが空いた秋の日曜日、ふと大学時代の落研のことが懐かしくなり、早慶戦に顔を出そうかと思いました。

自分も卒業してまだ4年半ぐらいでしたから、「神宮球場外野席左中間鉄柱下」あたりで落研部員が観戦しているはずでした。

秋の心地よい日差しに誘われ、出向いてみると、落研の幹事を当時から受け持っていたM先輩を筆頭に、現役部員の子たちがそろって声援を送っていました。

そのとき、4年生の女性部員の隣の席が空いていたので、私はそそくさとそこに座ることになりました。

私がOBで談志門下の前座とわかるとその子は、「初めまして！　4年のお富と申します」。緊張気味に言いました。矢継ぎ早に「私、談志が好きなんです」とまくし立てるように言い切ったので、私は意外な気持ちになり思わず「え？」と切り返しました。「あ、いけない、呼び捨てしてしまいました」。ペコリと頭を下げてきました。小柄でショートヘアの大きな瞳、私は一目惚れでした。

慶應が逆転勝ちで早稲田から勝ち点をもぎ取った展開もあり、肩を組んで一緒に「若き血」を歌っていると、その思いはますます増幅する一方となってゆきました。

なぜか向こうにも私の思いが伝わったかのような手応えを覚え、トイレに立つふりをして、自宅の電話番号をメモに書き写し、「いつでも電話して」と思いきって言ってみると、「ほんとですか？　いろいろ大変なんですよ、就職のこととか」などと満更でもなさそうな感じでした。

それから電話でも軽口を言い合うような感じでいっきに仲良くなってゆきました。彼女も静岡から出てきて奨学金で大学に通うつつましい暮らしぶりでしたので、前座の私の生活レベルとも似通っていて、安い居酒屋でも十分に満足していました。

いつしか深い仲になり、戸越銀座の彼女の下宿先にも頻繁に訪れるようになり、卒論を手伝ったりしていました。

「本当はジャーナリストになりたかったのよね」

北海道の新聞社に内定をもらっていたのですが、厳しい両親からは静岡に帰ってきて働くようにと強く言われていて、卒業後は地元の銀行に就職するとのことでした。

中型のオフロードバイクをこよなく愛した彼女は、土日のたびに大泉学園の私の下宿先に泊まりがけでやってきました。「愛をはぐくむ」と言うと照れますが、いつの間にか「いつかは一緒になろう」という感じで毎日すごしていたものです。風呂なし貧乏アパートですから、あの『神田川』の世界そのものでした。

うまくいかない前座生活も、彼女の存在があれば乗り切れるような心持ちがしていました。彼女のほうも慣れない仕事の上での悩みを打ち明けたりと、携帯電話のないころは彼女との深夜の会話が唯一の楽しみでした。

あるとき、彼女の母親が私との付き合いを知ることになりました。当然猛反対で、便箋数枚にわたって付き合いをやめるようにと諭されました。

私はそれでもなぜかそんな母親を嫌いになることができませんでした。「手塩にかけた愛娘が芸人と付き合っていたら、そりゃ怒るに決まっている」と彼女の思いをなだめていました。

付き合い始めて2年弱、1994年の10月16日の朝、「甲斐駒ヶ岳の紅葉を観に行ってくるから」という電話がありました。「いっぱい写真撮ってきてね」と言って電話を切りました。

それが——最後の会話になってしまいました。

そこから先は、まったく連絡がつかなくなってしまったのです。

1週間、2週間と時間が経過してゆくにつれて、不安は指数関数的に増してゆきます。

私は、「絶対どこかで生きている！」と頑なでした。

彼女の両親には「あいつは想像するよりめっちゃ元気な子ですよ！」と努めて明るく振る舞い続けました。「絶対ちゃっかり戻ってきますって、アハハハ」などとおどけるように言い続けていました。

当初は私との付き合いを唾棄していたはずの彼女の両親でしたが、そんな私の言葉に元気づけられてゆくように見えてきました。

談志の仕事など呼び出しがないのを見計らって静岡に出向き、手製の「人相書き」のコピーを手に、バイクで訪れそうなペンションやドライブインに「こんな子を見かけたら一報願います」と歩き続けたものです。

いつしか向こうの両親とは「励まし合う」間柄になってゆきました。

『あいつが、関係性を変えてくれたのかな』

そんな思いが募り始めた5カ月後――。

彼女の父親から悲痛極まる留守電が入っていました。

「――ヤマメ釣りの釣り人が変わり果てた娘を発見してくれました」

正直、いつかはこうなるかもなと、覚悟は芽生えてもいました。

ただ、その日は談春兄さんの会、そして通夜である翌日は志の輔師匠の会と、それぞれの前座を務めていたので向かうことはできません。

翌々日の葬儀には何とか調整でき、一張羅の喪服に身を包み、静岡は清水の古刹・

清見寺に出向きました。

何度も何度も彼女の自宅に向かう間に仲良くなった彼女の弟から、「姉のお骨、持ってもらえますか」と絞るような声で言われたのですが、「あいつはもういない」という受け入れなければならない現実が恐ろしすぎて「ごめん無理だわ」と断ったのを覚えています。


その年の年末近くのことでした。

たまたま前座として、私1人が談志の下に呼ばれました。

「なんで俺だけなんだろう」と思いながら練馬の玄関のドアを開けると、おもむろに、「ついて来い」と言われ、一緒に行きつけの郵便局に2人で向かうことになりました。

談志はいきなり切り出しました。

「付き合っていた子、死んだんだってな」

当時、ブラック師匠が「立川流ニュース」みたいな感じで一門内に向けて発行していたミニ新聞の中で、私の彼女が亡くなった情報を、談志はキャッチしていたのでした。

「はい」

「できていたのか」

要するに「真剣に付き合っていたのか」というニュアンスから発せられたものと確信した私は、強めに「はい！」と言いました。

「行方不明になって警察にも届けたのですが」

「ああ、あれな、成人の場合は自らの意志で身を潜めている場合もあるからな、調べてくれねえんだよな」

やはり談志は事情通でした。

「はい、あの、師匠のファンでした」

「……そっか」

談志は立ち止まり、いったん私を見つめて、再び歩き出しました。

「じゃあ、賢い子だったんだな」

「はい、いつかは一緒になろうと約束していました」

そんなセリフが口火となったか、堰を切ったように涙があふれてきました。

何度も言いますが、前座は師匠の前で、プライベートなことなどいっさい明かしてはならないのです。

つい言ってしまった格好でした。いや、涙のせいで感情がより高ぶってしまったのでしょう。

そんな私にあえて触れようとせず、談志は前方を指さしました。

「向こうからトラックが来るだろ」

工事現場に向かうのでしょうか、大型トラックが私と談志の歩く反対側の車線を通りすぎようとしていました。

「あれがな、運転手がハンドル切り損ねたら、俺たちはお陀仏だろ。これなんだ。生きることも、死ぬことも紙一重、死ぬことも生きることも紙一重」

自分にもいい聞かせているようにも取れました。

そして、そこからは私の慟哭などいっさい無視するかのようにさっさと歩き出してゆきました。

いま振り返ると、あの背中が醸し出した後ろ姿が「当時としては最大限の優しさの発露」そのものだったのだと察しています。

「情けをかけない優しさ」をギリギリのところで見せてくれたのです。

あそこで、ドラマや映画のような誰が聞いても涙する言葉を持ってこなかったのが談志の真骨頂だったのでは、と。

『お前もつらいだろうけど、これ以上、俺に甘えるなよ。俺がかけられる言葉はこれが限度だぞ。つらくても歩くしかない。お前の人生なんだ。俺が代わりに歩いてやるわけにはいかない。さ、涙を拭いて、前を向け、歩け。哀しみにくれて、いや、哀しみを理由に、立ち止まっている場合じゃねえ』

実際、それ以後は何事もなかったかのように厳しい前座期間が再び始まっていったのは、ここまで書き続けてきたとおりです。

『言葉で、頭でわからせるのではなく、いつかお前にも実感として、体感としてわかる日が来るだろう』

あのときの後ろ姿の饒舌な佇まいに、いまとなっては手を合わせるのみです。

「師匠」がお前を呼んだんだよ」

志の輔師匠の気づかい

気がつくと、2013年以降、作家として活動するようにもなっていました。談志からの言葉、そして落語について書かせていただいています。

1冊目の『大事なことはすべて立川談志《ししょう》に教わった』は、談志との思い出話、2冊目の『落語力』は、少し離れて「若いサラリーマン」向けに「落語も談志の言葉も役立ちますよ」という視点で書きました。

すべて、基本的に自分の経験した自分の考えが中心でまとめてきたものです。

ある日、大和書房のUさんという若き編集者からメールが入りました。

いきなり、「実はもう談慶さんに書いていただくということで、決裁は下りています」という切り出しでした。

1冊目、2冊目ともフリーの編集者のIさんというベテランとのコンビで仕上げたものでしたが、3冊目は出版社の若手編集者という立場も感受性も違う方からの、しかも今度はなんと「書くテーマもタイトルももう決めていますから、それに沿うように書いていただけますか」というもの。先方の思いに寄せて書くパターンは初めてのことになりました。


タイトルは、『いつも同じお題なのに、なぜ落語家の話は面白いのか』。


いかにも若手編集者が勢いと意気込みでつけたタイトルは挑戦的で、しかも扇情的な感じにあふれていました。

これまでのIさんが私の伴走者のようなイメージならば、むしろ私には真っ向から向かってくる好敵手のようなイメージでUさんと付き合うことにしました。

実は「もう、2冊書いたから本はしばらくいいや」という気持ちになってもいました。

というよりは、もうあれだけ書いたのだから書くネタはないというのが本当の気持ちでした。

志の輔師匠の言葉

このとき、不思議と、志の輔師匠に言われたある言葉が、心の中に響いてきました。

故郷上田での落語会の帰り、タクシーの中で志の輔師匠に言われた言葉です。

「談慶って、お前は本を書いたりしているからロジカルな奴だと思っていたら、全然違うんだな」

「いやあ、ドジそのものです。こんな使えない奴が入門してきたんですから、師匠はさぞ迷惑だったでしょうねえ」

自嘲気味に言ったとき、志の輔師匠がおもむろに言いました。

「いや、そうじゃないよ」

「……」

「お前が入門したんじゃないよ。師匠がお前を呼んだんだよ」

ハッとなりました。何かがつながったような感じがしました。

「談志が俺を呼んでいた」

こんな発想はまったくありませんでした。

でも。

そう考えたほうが、すべてがハマるように思えてくるのです。

長い前座生活も、談志からもらった小言も、そしていまこうして談志にまつわる本を書き続けているのも、すべて意味のある絆にしか思えません。

すべて談志の小言をつなげて書いている一筆書きみたいなものです。

そしてそれは、たしかに談志に呼ばれたから書けるものなのかもしれません。

まさに談志が私の背後で「お前、俺のこと、書くんだぞ、いいな、わかってるな」と言っているとしか思えないのです。

後世の人たちに、談志という天才落語家がいて、ものすごい人だったと私の書く言葉を通じて伝える使命を、いま私は感じているのです。

さすが、志の輔師匠だなあとあらためて実感したひとときでした。

やはり、言葉こそ人を動かすエネルギー源そのものなのです。

あの日あのときの志の輔師匠からの言葉は、道しるべそのものでした。

自分の過去と現在の立ち位置をくっきりと明示してくれたという意味では、篝火でもありました。

「談志が俺を呼んでいたとしたなら、その真意は何だろう」

日々追求する感じでした。

「その意味を探るのが、いや探り続けるのが、俺の芸人人生なのかもしれない」


呼ばれた以上、応えるしかありません。

まさにそれこそ「呼応」そのものでした。


「こうして、出版不況の中、お声がかかるのは談志の弟子だからだよな」

「呼ばれて来た男だから」

「好きな仕事をやって、子どもたちも好きな学校に行かせてあげるなんて、親孝行でもあり、師匠孝行だよな」

さまざまな思いが「出版の道」へと誘う導火線へと連なってゆくように思えてきました。

談志の言葉

それには、いままでのような「自分の思い」だけ書き連ねてゆくわけにはいきません。先細りになってしまいます。

そこで、さらに談志の言葉が浮かび上がってきたのです。

「囃されたら踊れ」

つまり――「向こうに合わせろ」ということです。

「リズムやメロディを刻むのは向こう。踊るのがお前」

まさにこんなポジショニングで3冊目の『いつも同じお題なのに、なぜ落語家の話は面白いのか』をいっきに書き上げてみたところ、これがなんと発売後3週間で増刷という流れになりました。

さて、その後も「出版社の思いに合わせる」という野球で言うならば「流し打ち」的な処理法で、以降も『「めんどうくさい人」の接し方、かわし方』（ＰＨＰ文庫）と相次ぎ、それも数カ月後に重版が決まり、子どもたちが私立高校から私立大学に行けるまでの原資を稼ぐことができるようになりました。

次男の言葉

そんな折、次男が、自己推薦で大学の系列高校を受験することになりました。

初日に小論文、翌日に面接という流れでした。競争率も高く、私は「ま、宝くじかもな」というニュアンスで受け止めていました。

が、初日に試験を終えて帰宅した次男の、達成感が匂うような実に溌剌とした笑顔に釘付けになりました。

「パパ、俺、受かるわきっと」

思春期特有の思い上がり感に、昔の自分を重ね合わせました。

「中二病は中二がかかる病気だよ。もう君は受験生さ」

上から目線で諭そうとしました。が。

「パパ、違うよ。だって論文のタイトルがさ、『志について書け』だよ。うってつけじゃんか！」

「……まさか」

ビビッときました。

「そう。俺、談志師匠についてずっと書きまくってやった」

案の定、彼はその翌日の面接試験でも昨日書いた「立川談志論」のことばかり集中的に聞かれたとのことでした。

そして、読み聞かせとして父に落語を語ってもらったこと、談志の落語への思い、落語という芸能がこれからの世の中を救うのではと、いっきにまくし立てるようにしゃべり、面接官の先生もそれに呼応するかのように終始笑顔だったそうでした。

「じゃあ、受かったら師匠のお墓参りに行かなきゃな」

「もちろん！」

合格発表当日。

無論、掲示板にはきっちりと彼の受験番号が刻まれていました。

その帰りに私は彼と一緒に談志のお墓参りに行くことにしました。

東大前からほど近い霊園に、いつも佇んでいるかのように談志の墓石は屹立していました。

いつでも弟子が来るのを待っているかのような、生前とは打って変わった静かな佇まいでした。

ひとくさり掃除をして、線香を添えます。

私の背よりずっと大きくなった次男が隣に来ます。

おもむろに手を合わせます。


「師匠、凄いですね。弟子の人生のみならず、弟子の息子の人生までも確定させてしまうのですね。師匠に呼ばれた私でしたが、息子まで師匠の差配でその先の道を切り開いていますよ」

知らず知らずのうちに涙が出てきていました。

『お前とは違って、要領のいい子みたいだな。お前、俺の弟子でよかったたな』

線香の煙の向こうに、墓石の彼方から、そんなしわがれた声が聞こえたような気がしました。

エピローグ
立川談志の「狂気の気づかい」

「俺のところにいたメリットは後からくる」

この言葉を授かったのは前座の末期、この本でも述べた「上納金未納問題」の発覚後のひとときでした。

うだるような暑い根津の談志宅でした。

いきなり怒鳴られたものでした。

長い前座期間に、呆れていたのは私よりも師匠のほうだったのかもしれません。

しびれを切らすかのように、この言葉をぶつけてきたのです。


「俺の基準がそんなに難しいわけないだろ。何をモタモタしているんだ」

「俺の出した二つ目突破基準なんて、むしろ妥協策だ」

「どんな馬鹿でもやりゃ認めてやるって言ってるんだ」

という怒りに満ち溢れていました。

そして、そこには「こんなわかりきったことまでお前は俺に言わせようとしているのか？」という意味合いも込められていました。

あれから20年以上経過している現在、談志が予言したとおりの、まったく同じ道筋を私は歩いています。

２０１３年に談志関連本を出して以来、２０２４年夏の時点で、この本も含めて27冊もの書籍を著すに至りました。

特に落語の仕事が壊滅的に減ったコロナ禍の２０２０年からは必死でした。

「こんな本出せますか？」と聞かれると、すぐに企画書を書いたものです。

『安政五年、江戸パンデミック。』という本なぞは1日５０００字で、３週間で書き終えました。

担当の編集者には、「プロの作家でもこんなに早く書けません。あ、いや、失礼しました！　完全にプロです」などと驚かれましたっけ。

「気づかい」は成長の原動力

まさに、談志のそばにいた恩恵あればこそでした。

あの日あのときの談志の言葉を具現化したような落語家人生を、ひたすら歩んでいます。

談志は予言者でした。

本人にそんなことを言っても、「現状を明晰に分析できるから当たり前だ」という声が返ってきそうです。

ここまで述べてきたように、私を含めて弟子たちは、狂気としか思えないほどの「気づかい」を要求され続けてきました。

いや、要求されるというよりも、そうし続けることが義務づけられたのが弟子となる条件みたいな感じでもありました。

そしてその気づかいは、前座期間のみではありません。

二つ目に昇進したら次の真打ちという目標が浮かび上がってきます。

いざ、真打ちに昇進したら今度は、前座期間中のレベルではなく、さらに談志を喜ばせ続ける「気づかい」が始まります。

そして、談志がこの世にいなくなったとしても、弟子たちは心の中の師匠に向かってそれぞれの「気づかい」を、その先の自分の芸の道に向けてゆくという、そんな毎日を送っているはずです。

つまり、「気づかい」こそが諸々の原動力なのです。

そして。

ここまで書いてきてあらためて確信したのが、談志に向けての「気づかい」は、実はすべて自分のスキルアップのためのものだったということなのです。

「気づかい」の果実は、自分に返る

ビートたけしさんのお母様の逸話に、こんなのがあります。

「俺が売れてからというもの、いつもカネ寄越せとせびってきた。ずっと渡し続けていたのだけど、お袋の死後、それが実は貯金され続けていて、俺名義になっていた」

噂のレベルの話で、検証が必要な案件かもしれませんが、談志への気づかいもこんな感じだったなあと腑に落ちました。

たとえば、前座のころ、談志から渡された本は、必死で読みこなし、談志にわかりやすくメモ化させられたものでした。

原動力は、「怒られたくない」という恐怖感からでした。どんなに分厚い本も一晩で読み切りました。ただ「怖かった」からですが、談志にうまい具合に説明できないと、さらにその怒りはより増幅したものでした。

談志を喜ばせることができないと、「お前はもう何もしなくていい」などとあっさり言われ、バカという死刑判決的な言われ方をされたものでした。

一見これなどはとんでもない酷い行為に受け止められがちです。

たとえば談志が作家で、弟子に調べさせた資料を元に本を書いていて、それが収入になっていたような場合なら、完全に「搾取」でしょう。

弟子たちの労力を現金化させたものがすべて師匠の懐に入ってしまうのですから、マルクスが目をマルクスるかのようにして、声高に「搾取！」だのと叫びそうです。

実際、作家界隈ではそういう問題が露呈するケースは頻繁にあるとのことでした。

脚本家の中には（あくまでも極端に酷い人でしょうが）、プロットというあらすじを受講生などの弟子的立場の若手に無料で書かせるだけ書かせて、いざ作品化し報酬が入ったとしても、一銭も払わないような人もいたとはよく聞きます。

が、そんな形で談志は稼いでいませんでした。

あくまでも自分の周辺の知識を整えさせるために弟子の労力を「借りて」いたにすぎません。

逆にいまや私が作家活動をこなして生活できているのは、前座時代の談志による「書生」のような筆記訓練時代あればこそなのです。

課題図書などを即座に読みこなせたからこそ、3週間で本を書くことができ、結果としてコロナ禍の窮地も救われてきました。

つまり――談志への「気づかい」の結果得た果実を手中に収めることができたのは、弟子である私だったのです。

あらためて「謝罪慣れ」は最強スキル

かような「書籍のまとめ」以外にも、すべて談志に向けて発したはずの「気づかい」は、談志によって消費されるべきもののはずなのに、実は私の芸人人生のために役立っていたのです。

一度、カミさんが車を運転していた際、自転車に乗った女子大生と接触事故を起こ

したことがありました。前輪が触れてブレーキが壊れたぐらいの、怪我はほとんどなかったものでしたから、

「ここは、俺に任せて」

とばかりに夫婦で先方にお邪魔し、とにかく向こうへ嫌がらせのように頭を下げました。

「そんなに気をつかわないでください」と向こうが恐縮するぐらいにまで徹底して謝罪しました。

「想定された言い分」をすべて頭の中で反芻してシミュレーションして向かう私に、事故を起こした当人であるはずのカミさんは、

「あなたって、案外頼りになるわね」

とのたまったものでした（笑）。

謝罪慣れ、小言言われ慣れの余禄そのものでした。

さんざん談志に向かって頭を下げてきたことで、謝ることに抵抗などありません。

相撲の「股割り」だったのかもしれません。

さらなる大きな怪我を未然に防ぐための策、それが「謝罪」だったのでしょう。

談志の「狂気の気づかい」

そして、いまここまで書いてきて気がつきました。

談志が弟子たちに、一見無茶振りのように苛烈に要求した「気づかい」が、実は弟子たちのためだったということは、つまりは、本当に1万倍の「気づかい」を施していたのは、実は談志だったのです――。

ありとあらゆる「しくじり」、談志からの「無茶振り」、その際浴びせられたいまでも震えがきそうな「小言」、そしてそれをリカバリーしようとして繰り出し続けた「謝罪」。

忘れかけていたものも多数ですし、ほとんどが思い出したくないことばかりで記憶の倉庫の奥深くに眠っていたはずのものですが、それらすべてに実は意味があり、長年かけて自分のために役立っていたのです。

なんだかNHKの『プロジェクトX』みたいですね。

「会社のどん底の存亡の危機を救ったのは、それまでダメと烙印を押された社員たちだった」みたいな。

「好き」に殉じ、狂ったように気をつかう

いま、私は、壮大な推理小説を読み終えたような心持ちになっています。

こうして「発見された真理」ですが、これは絶対に入門前にはわからない奥義みたいなものでしょうか。

いや、逆に最初からわかるはずだみたいな、そんな「了見」でいたら、目の前の談志の怒りや不快感を矮小化してしまうことに他なりません。談春兄さんが言っていた「師匠をいい人だと思うことは師匠に甘えているにすぎない」という言葉と同じです。

そんな姿勢だったら、弟子としては完全失格です。許されるわけなどありません。遅かれ早かれクビになるはずです。

謎解きはやはり、後からわかるものなのです。しかも想定よりずっと後のはずです。

だからこそ、談志からの重圧としか思えない言動に対して、理解力のない弟子たちが「誤解や怒りや、嫉妬や、恨みなどのルサンチマン」をその都度抱くのが当然で、

逆にそれらを体験、実感しないと、その謎は絶対解けることなどないものなのでしょう。途中で自身が空中分解してしまうほど追い込まれてしまった弟子たちが、去ってゆくのでしょう。

談志は超絶難解な経典そのものだったのです。

ことに人一倍不器用で、「一を聞いて十を知る」とは真逆の「十を聞いてやっと一を知る」レベルの私にしてみればなおさらです。

前座9年半という期間は、やはり必要で大切な、私という落語家を形成するための大切なプロセスだったんだなあとしみじみ感じています。

いや、私のケースだけではありません。

ここまで読んでくださった皆様も、ご自身でここまでの来し方に思いを馳せてみたらいかがでしょう。

「好きな対象に殉じていますか？」

と、自身に問い合わせてみましょうよ。

私のような箸にも棒にもかからぬ者でも、「好き」を貫くと、時間はかかるかもしれませんが、何とかなるのです。

私はその見本にすぎません。

殉じる気持ちがあれば、怖いものはありません。

そうなればしめたもの。

その対象が発するものがたとえ「暴言」的な響きを持っていたにしても、行く手を示す羅針盤になります。

「罵詈雑言にしか聞こえないセリフ」も、精製次第で前を向いて走るためのガソリンになってゆくでしょう。

談志が常々言っていた「お前に対する小言は人格否定ではないからな」という「ルール」を私が無骨に頑なに信じ続けたからこそでしょうが、やはり談志はパワハラではなかったとあらためていま気づかされています。

あらためて、弟子入りとは

人を愛し、その芸を信じる。

いや、愛し抜き、信じ抜く。

それは「長期的思考」そのものです。

落語は昨今主流の出オチのような「キャラクター芸」などではありません。

すべて、伏線なのです。

そしてすべて伏線ということは、すべて回収するまで、つまりオチがつくまではその善悪や成否、正誤などはまるっきりわからないものなのです。

いや、たとえそれまでの過程がダメだったとしても、それを伏線だと捉え直すことで、新たな回収を目指せばいいだけのことです。

また、逆にすべてがうまくいったにしても、それがずっと永遠にうまくいくわけなどないのです。

弟子入りとは、永劫のとば口に立つことなのかもしれません。

そのポジションに立つ気概を問うための差配の具現化こそが、あの「小言」だったのではないでしょうか。

今回、記憶の奥底に埋まっていた思い出の在庫整理からスタートしました。

不思議なことに書き始めてゆくと、あんなこと、こんなことがつぶさに思い出されてきて、泣いたり笑ったりしました。

さまざまな談志の言動を、生前著した膨大な書物の中から抽出し、吟味してまいりましたが、ラスト近くにこんなエピソードをお伝えします。

――談志が小学生のときでしょうか、仲良くしていた友達の家が貧乏で修学旅行に行けないとわかると、「じゃあ、俺も行かねえや」と、その子と一緒に自身も修学旅行に行かなかった――。

そうなんです、立川談志とは、こういう人なのです。

あらためて師匠・談志には感謝しかありません。

いや、「俺をいつまでも前座にしやがって」と恨んだ時期もたしかにありましたが、それらが感謝の下支えをするかのような裏打ちとなっていました。

陽と陰、光と影、表と裏、プラスとマイナス、成功と挫折。

自分の心の裏側から暴き出した本となりました。

屋台骨は表には得てして出てこないものです。

そうです、「中心」は裏側にあるものです。大黒柱を玄関に据える家などありません。

大切なのは、どちらかというと「闇」に近いものなのかもしれません。

そんな「闇」から放出されてきた元素こそ、まさに「小言」だったのかもしれません。


晩年談志は、「愚痴は大事だぞ」とよく言っていましたが、「愚」と「痴」という二重の不幸を連ねたような「闇」からの使者すらも、言葉の達人として愛おしんでいたのではと推察するのは考えすぎでしょうか。

†

こんなことを書き綴っていたら、次男坊が帰宅してきました。

帰宅した息子は開口一番、「談志師匠のお墓参りに行ってきたよ」と言いました。

「師匠と何を話してきたの？」

「生前、出来の悪い父親で大変ご迷惑をおかけしました、と詫びてきた」

私は、爆笑してしまいました。

師匠、いままで、本当にありがとうございました。

小言や罵詈雑言、暴言、すべて宝物となっていますよ。

いや、あのころは、あの瞬間はそうだとは気づけず大変に失礼しました。

あ、志の輔師匠の一番弟子の晴の輔くんが、師匠のつくった『笑点』の新メンバーになりましたよ。

観たかった景色ですよね。

そして私も2024年、落語「柳田格之進」を原作とする映画『碁盤斬り』(主演草彅剛・監督白石和彌)に「大家八兵衛役」で出演することもできました。観てもらいたかった映画です。

長男も第一志望の企業に入社し、無事社会人デビューも果たしました。生意気盛りの次男の子育ても、あともう少しで終えられそうです。

また、生まれ変わっても、弟子になります。

あ、そのときは今回の経験を踏まえて、もっと要領よくやりますから。

では、また。

またお墓参りに行きます。
お元気で。

２０２４年10月　談慶拝

【著者紹介】

立川談慶（たてかわ　だんけい）

落語家。立川流真打ち。1965年、長野県上田市生まれ。慶應義塾大学を卒業後、株式会社ワコールで3年間の勤務を経て、1991年に立川談志の弟子として入門。前座名は「立川ワコール」。

数々の「しくじり」から、他の流派なら4年ほどで終えられる前座という修業期間を9年半過ごす。二つ目昇進を弟弟子に抜かれるのも、当時異例の出来事だった。

2000年、やっと叶った二つ目昇進を機に、談志により「立川談慶」と命名。2005年、真打ちに昇進。慶應義塾大学卒で初めての真打ちとなる。

著書に『ビジネスエリートがなぜか身につけている 教養としての落語』（サンマーク出版）、『落語で資本論』『なぜ与太郎は頭のいい人よりうまくいくのか』（以上、日本実業出版社）、『古典落語 面白キャラの味わい方』（有隣堂出版部）、『「めんどうくさい人」の接し方、かわし方』（PHP文庫）、小説家デビュー作となった『花は咲けども噺せども 神様がくれた高座』（PHP文芸文庫）など、多数の“本書く派”。

狂気の気づかい
伝説の落語家・立川談志に最も怒られた弟子が教わった大切なこと

2024年12月24日発行

著　者——立川談慶
発行者——山田徹也
発行所——東洋経済新報社
〒103-8345　東京都中央区日本橋本石町 1-2-1
電話＝東洋経済コールセンター　03(6386)1040
https://toyokeizai.net/

装　丁………………渡邊民人（TYPEFACE）
本文デザイン………森岡菜々（TYPEFACE）
ＤＴＰ………………キャップス
著者エージェント……アップルシード・エージェンシー（https://www.appleseed.co.jp/）
印刷・製本…………丸井工文社
編集担当……………桑原哲也
 Printed in Japan　ISBN 978-4-492-04786-6